Vincenzo Saponaro

NICHILISMO MAFIOSO
Da Nietzsche a Padre Pino Puglisi

Titolo | Nichilismo Mafioso. Da Nietzsche a Padre Pino Puglisi.
Autore | Vincenzo Saponaro
ISBN | 978-88-27861-70-7

Youcanprint Self-Publishing
Via Marco Biagi 6 - 73100 Lecce
www.youcanprint.it
info@youcanprint.it

Prefazione

Quanto segue è il frutto di un breve studio pedagogico che si è concretizzato nella mia Tesi di Laurea in Filosofia. Ciò che caratterizza questo libro è che esso sia un "libro nel libro" o meglio: un racconto in un racconto. Il primo è dato dalla Tesi in sé, come vedrai essa ha un proprio indice ed una propria struttura fedele all'originale, solo il numero delle note varia poiché qui la si pensa parte di un discorso più ampio e non altro da esso. Il secondo è dato da questa prefazione.

L'esigenza di pubblicare questa tesi non è di tipo curriculare, se così fosse, l'avrei pubblicata com'era stata già concepita, ma è di tipo intellettuale. Essa è, infatti, una tesi pedagogica utilizzata per una Laurea in Filosofia. Per essere fedele al metodo pedagogico, ho dovuto mettere da parte il punto di vista filosofico che ora con questa prefazione si vuole recuperare. In tal modo il metodo che poteva, con la singola Tesi, sembrare di tipo induttivo, si riscopre ora come metodo deduttivo: nasce da un generale colto filosoficamente e arriva a un particolare colto pedagogicamente. Il sottotitolo del libro sta ad indicare il salto che si compie da Nietzsche alla figura di Padre Pino Puglisi, il salto dalla questione filosofica a quella pedagogica. Uno solo è l'intento di questo libro: non aggiungere nulla di più di quel che già si conosce su Nietzsche ma da qui prendere lo slancio in una direzione quasi del tutto estranea, arricchendo quel che ancora poco si sa su Padre Pino Puglisi.

Comprendi bene, caro lettore, che in questo modo l'oggetto materiale di analisi è sempre il "nichilismo mafioso", ma con questo testo hai a disposizione un duplice oggetto formale dato dai duplici punti di vista: filosofico e pedagogico. Questa *prae-fatio*, come l'etimologia suggerisce, viene prima del contenuto vero e proprio che è la tesi in sé, non mira quindi a porsi alla pari o in uno *status* di superiorità rispetto ad essa, è solo un piccolo sassolino che cadendo in uno stagno provoca cerchi concentrici nell'acqua. Un piccolo prefazio, un piccolo sassolino, una piccola riflessione filosofica porta ad una più ampia tesi, ad onde sempre più grandi, ad uno studio pedagogico. Questo prefazio e la tesi sono in relazione come causa ed effetto.

Prima di arrivare alla domanda filosofica, che è l'impatto del sassolino con lo stagno, è bene che questo prenda velocità e sia lanciato da una certa altezza così che la propagazione delle onde vada oltre questa Tesi stessa.

Con *nichilismo* s'intende qui quell'atteggiamento filosofico occidentale[1] che sottende all'iniziale emancipazione (e culmine) di ogni fede metafisica e senso tradizionalmente acquisito, un successivo macabro riconoscimento di assenza di verità, nel tramonto di Dio. Con il tramonto di Dio che è sole, la linea dell'orizzonte non si distingue più da quella del cielo ed ogni punto di riferimento si perde inghiottito

---

[1] Non facciamo qui riferimento alle considerazioni precedenti circa l'argomento. Se il lettore lo desiderasse si consiglia la lettura russa ottocentesca (Dostoevskij F., *I fratelli Karamazov*, 1878; Turgenev I., *Padri e figli*, 1862).

dalla notte. L'emancipazione, così intesa, non porta l'uomo ad un livello superiore ma lo porta a barcollare nel buio vivendo il "paradosso della libertà". Questo "barcollare" se continua a perseguire il suo fine, promuovendo e accelerando quei processi di distruzione degli ideali tradizionali rendendo possibile l'affermazione di nuovi valori, è considerato *nichilismo attivo*. Nel caso in cui, l'uomo nel suo barcollare ceda all'assurdità di una realtà da ricostruire si parla allora di *nichilismo passivo*. Il superamento di questa fase avverrà con il superamento di se stesso, nel momento in cui l'uomo andrà "oltre l'uomo"[2].

Detto questo, accantonando tutto ciò che da Nietzsche in poi sarà detto[3], il sassolino ha lasciato la nostra mano e si dirige verso l'impatto. Si comprende che questo prefazio sia breve come breve è il tempo di caduta del sassolino. Il suo fine tacitato sia di mostrare come la filosofia sia madre di tutte le altre discipline (della pedagogia in questo caso), nel caso in cui ti sia difficile credere questo non puoi almeno negare che non ne sia levatrice. Svisceriamo ora il problema del nichilismo.

In una comunità che respira questo clima nichilista fatto d'incertezze, caos, contraddittorietà, ateismo

---

[2] Riferimento al Superuomo nietzschiano. Egli utilizza il termine *Übermensch*, letteralmente "Oltre-uomo". In questa sede non è necessario approfondire tale aspetto.

[3] Se il lettore lo desiderasse si consiglia a tal proposito gli scritti del Novecento (Jaspers K., *Psicologia delle visioni del mondo*, 1919; Heidegger M., *Nietzsche*, 1961; Sartre J.-P., *L'Essere e il Nulla*, 1943).

sofferto, auto-soppressione della morale, trasvalutazione dei valori, gli individui si distinguono necessariamente in nichilisti attivi e passivi: alcuni si attiveranno più di altri alla trasvalutazione dei valori. Certamente, poiché si è tutti barcollanti, nel momento in cui qualcuno squarcerà con un dito il buio del firmamento per farvi entrare un po' di luce, tutti inizieranno a barcollare meno e seguiranno la reinterpretazione di valori che è proposta da quello squarcio. Mi chiedo se il bisogno di uscire da questo *status* che è il fine, sia più importante della modalità e del mezzo con cui arrivarci. Considerando che: il vivere in tale ricerca sia caotico e sofferto, se il fine è dotarsi di nuovi valori non trasmessi dal passato o da Dio, quanto importa il modo in cui arrivarci? Quanto importa la qualità dei nuovi valori raggiunti?

In talune comunità, infatti, alcuni squarci sono dati da pochi che con prepotenza squarciano il firmamento lì dove la luce possa illuminare i valori reinterpretandoli secondo finalità autoreferenziali. Con "finalità autoreferenziale" intendo la volontà di reinterpretare un valore dotandolo di significati che siano utili alle singole persone: la vendetta privata può diventare valore se il fine che gli do è di fare giustizia. Così facendo, nichilisti attivi o passivi sedotti dal raggiungimento del fine a portata di mano si uniscono in questa impresa; non tutti.

Questo è quel che accade in una società dove è presente un'organizzazione mafiosa la quale, attraverso tutta la storia, ha abitato la comunità. In seguito, attraverso l'azione autoreferenziale, ha utilizzato il buio che faceva barcollare molti per offrire valori ad essi utili, ed infine ha legato a questi valori coloro che vi si erano aggrappati pur di raggiungere il fine.

Cerchiamo ora di comprendere la natura del nostro oggetto di analisi: il nichilismo mafioso. È importante considerare quest'aspetto del nichilismo in quanto ognuno di noi è tendenzialmente portato a farne parte nel contesto storico, geografico e politico nel quale ci troviamo. Si comprende che il nichilismo sia l'*a priori*, mentre il carattere mafioso sia l'*a posteriori*. Dal punto di vista cronologico non so ben dire quale dei due sia venuto prima, certo è che la mafia nasca prima dell'Unità dotandosi di connotazioni violente e aggressive, come braccio armato della nobiltà feudale a discapito delle rivendicazioni contadine. Con il tempo si unirà alla politica raggiungendo un posto di prestigio dal quale, con l'avvento del nichilismo, potrà compiere quanto detto prima. Detto questo, possiamo affermare che la mafia abbia una sua storia vera e propria, è in essa che se ne percepisce l'evoluzione ed il mutamento secondo i cambiamenti politici e geografici[4]. In alcune regioni, come si vedrà nella Tesi, il suo ultimo mutamento è il frutto del nichilismo. Essa *è* già, prima del nichilismo, ma con esso *è altro* rispetto a prima.

In definitiva, per chiarirne il rapporto, è bene dire che la mafia che dal nichilismo facciamo discendere non è più solo quella della clandestinità, dell'imposizione politica o della criminalità ma è *anche* quella della

---

[4] Si veda, se necessario, il ruolo negli sbarchi clandestini in USA.

reinterpretazione di valori alle quali le comunità acconsentono più o meno liberamente. La sopravvivenza dell'organizzazione mafiosa non è data del valore in sé ma dall'adesione ad esso da parte di qualcuno, anche se non si tratti di adesione libera.
Come liberare l'uomo che pur di sfuggire al nichilismo si è legato ad un valore reinterpretato da altri?
Ecco che il sassolino impatta con l'acqua, le onde iniziano a scrivere l'effetto, e il sassolino lentamente si dirige sul fondo per farne parte. Se fino ad ora abbiamo tentato di spiegare la natura del fenomeno filosoficamente, la Tesi che segue ne mostrerà la vulnerabilità discendendo allo studio pedagogico del particolare.

LA VULNERABILITÀ DEL NICHILISMO MAFIOSO

PADRE PINO PUGLISI E LA PEDAGOGIA DELL'INCONTRO

INDICE

INTRODUZIONE

Questo elaborato vuole gettare luce su un particolare contesto in cui un buon lavoro educativo può fare la differenza. Si andrà, infatti, ad analizzare le modalità in cui l'educazione diventa chiave di volta del cambiamento in un territorio mafioso o a forte presenza di criminalità organizzata.

L'esperienza sul campo, in qualità di animatore missionario nelle terre povere nazionali e internazionali, mi ha portato ad analizzare questo particolare argomento, incentrando l'analisi su una figura che si rivela determinante in questo contesto: il consacrato. In quest'analisi ho deciso di dare a questa figura un volto contemporaneo, identificandola in don Pino Puglisi. Il ruolo della figura consacrata sembra intendere la pedagogia e l'educazione secondo dimensioni differenti da quelle comuni. Sottolineando che la sua presenza non abbia come scopo il proselitismo ma consista in un intervento umanizzante mosso dalla fede e dall'amore per i poveri. La formazione di tali figure non è propriamente pedagogica ma filosofico-teologica e riesce, con tale formazione, ad adempiere compiti educativi soprattutto in contesti "poveri", o almeno a dare un *incipit* che poi verrà colto e curato da figure qualificate.

Per fare questo, sono partito analizzando il rapporto millenario che intercorre tra cristianesimo ed educazione, e il modo in cui la Chiesa ha fatto sua tale missione, facendo emergere particolari figure simbolo di questa "vocazione all'educazione": don Bosco, don Milani, don Giussani, don Diana. Scopo di questo breve itinerario è mostrare come il consacrato abbia potuto adempiere, considerando solo gli ultimi due secoli, alla propria vocazione in svariati contesti storico sociali e territoriali, particolari e diversificati. Fatto questo ho potuto inserire, in questa storia millenaria, la figura di don Pino Puglisi, del quale quest'anno si celebra il 25° dal suo martirio.

Analizzate le analogie e le differenze e peculiarità del contesto in cui Puglisi si trova ad operare, ho pensato di partire proprio da queste per tracciare un implicito pedagogico del nostro autore. Questo arduo lavoro nasce dall'esigenza concreta di definire la figura di un "Puglisi educatore" che possa affiancarsi a quella ormai consolidata di "Puglisi primo martire di mafia".

La mia analisi termina con il tentativo di raccogliere i frutti che il suo martirio ha prodotto in questi venticinque anni, analizzando come questi siano cresciuti nel tempo e come si presentino oggi.

Cercherò di dimostrare come il consacrato, pur non nascendo come pedagogista, sia stato e continui ad essere influente in campo educativo nei diversi contesti. Ciò su cui mi interrogo è la possibilità che esista un *fil rouge* che tenga legate la fede e l'educazione, passando attraverso il Vangelo e concretizzandosi nella figura del consacrato.

La mia analisi avrà anche come oggetto la mafia, chiedendomi se essa (nella misura in cui lede i valori del cristianesimo divenendo "ateismo pratico") sia ostacolabile con una pedagogia di stampo evangelico. Cercherò di comprendere quale rapporto intercorra tra mafia ed educazione. Fine ultimo della mia indagine è individuare in quale elemento possa essere racchiusa la pedagogia di Puglisi e la sua capacità di vincere la cultura mafiosa.

CAPITOLO 1
LA FIGURA DI PINO PUGLISI NELLA STORIA DELL'EDUCAZIONE CRISTIANA

1.1 Il millenario rapporto tra Cristianesimo ed educazione

«La comunità cristiana ha come finalità l'evangelizzazione»[5] è da qui, infatti, che è necessario partire per comprendere come la storia del cristianesimo si sia inscritta nella storia dell'educazione, e come questo rapporto, non sempre pacifico, duri ormai da millenni. Di cosa si nutre l'evangelizzazione se non di parole e di gesti volti alla promozione umana in conformità al messaggio evangelico di cui è portatrice? Potremmo dire che il cristianesimo stesso ha già in sé una vocazione all'educazione, ha infatti come punto di riferimento un "Maestro", e ciò che il cristianesimo tramanda da millenni non è altro che il Vangelo, ossia la "buona notizia", che i "discepoli" di quello stesso maestro hanno trascritto. È connaturata, quindi, nella storia cristiana anche la vocazione all'educare, proprio perché il Cristo è il primo che educa. Certamente a favorire questo incontro fra le due storie è stato un altro elemento del cristianesimo, ossia l'apostolicità. Il cristianesimo infatti si è mostrato come guida e compagno, dando vita a innumerevoli opere di carità, attirando alla propria scuola, o meglio alla "scuola del Maestro", molti uomini. Una Chiesa che è andata configurandosi, per sua vocazione e natura, come la garante della crescita spirituale dei figli di Dio e quindi anche figli suoi.

---

[5] CEI., *La sfida educativa*, Laterza, Roma 2009, pag. 72.

«Di qui il naturale farsi carico da parte della Chiesa di un compito educativo. La storia della comunità è quella di un'istituzione che ha avvertito che l'educazione le apparteneva, come dimensione imprescindibile dell'annuncio del Vangelo.»[6]
Quella portata avanti dal cristianesimo è un'educazione che si sviluppa nelle opere concrete, nelle opere di catechesi, nelle liturgie, che vanno a formare quegli elementi valoriali che accompagneranno l'uomo nella propria esistenza.
La storia del cristianesimo s'intreccia definitivamente con quella dell'educazione nel momento in cui il "compito educativo", che la Chiesa riconosceva come suo proprio, esce dalle mura delle sacrestie e dei monasteri benedettini, per esprimersi nel servizio delle scuole gratuite presenti in ogni sede vescovile e delle prime università. La missione educativa, dall'epoca moderna ad oggi, soprattutto a seguito del Concilio di Trento, diventa prerogativa degli ordini religiosi, e di quelle congregazioni che sorgono tra Cinquecento e Ottocento, le quali hanno nel campo pedagogico terreno fertile per il loro sviluppo. Le congregazioni e gli ordini religiosi impegnati nell'educazione andavano ad essere presenti lì dove la presenza dello Stato veniva meno e così facendo garantivano al ceto popolare e povero un minimo di istruzione. Viene a fondersi, ancora una volta, il messaggio evangelico di amore per i poveri alla vocazione all'educazione, tra esse ricordiamo: la Congregazione delle Scuole di Carità, dei fratelli Cavanis, aperta nel 1803 a Venezia per i ragazzi poveri; i Figli di Maria Immacolata, del bresciano don Ludovico Pavoni (1784-1849), per l'educazione scolastica e professionale della gioventù povera; molte congregazioni femminili: Figlie della Carità (Canossiane), fondato a Verona nel 1808; le Figlie del

---

[6] *Ibidem.*

Sacro Cuore di Gesù, fondato da Teresa Verzeni (1801-1852); le Suore della Carità chiamate Suore di Maria Bambina, fondato dalle bergamasche Bartolomea Capitanio (1807-1833) e Vincenza Gerosa (1784-1847).

Fino al Concilio Vaticano II, la missione educatrice ed evangelica era nelle mani essenzialmente del clero e degli ordini religiosi maschili e femminili: erano quindi preti e suore animati da vari carismi gli unici a poter fondere il messaggio evangelico e il compito educativo. Si comprende bene che questo fosse un limite della Chiesa pre conciliare, poiché le forze a disposizione per la missione educatrice non erano sufficienti per arrivare a tutti. Starà quindi alle capacità educative dei vari ordini e delle diverse figure di spicco di questi ultimi decenni, di cui si dirà più avanti, la possibilità di avere un seguito più grande e di lasciare un segno indelebile in questa storia che da millenni continua ad essere scritta.

È evidente, quindi, come la missione educatrice sia portata avanti da uomini o donne "consacrate", ossia, che hanno assunto una "identità sacra", in quanto dedita totalmente alla missione evangelica e valorizzata dai voti che legano questa a Cristo in maniera privilegiata. La figura del consacrato sarà la chiave di volta di questa tesi, poiché senza questa identità, che porta con sé una serie di intenti che non appartengono alla persona ma al Vangelo, la millenaria educazione cristiana non sarebbe nulla o sarebbe, al pari di ogni altra esperienza educativa laica o aconfessionale, un insieme di esperienze autonome, magari di successo, ma isolate. Invece, è proprio attraverso questa identità che le varie figure, che più avanti verranno presentate, potranno arricchire non solo la storia della Chiesa ma anche quella della pedagogia e dell'umanità, poiché imitano un unico "Maestro" facendone rivivere il messaggio, adeguandolo ai tempi, rendendolo sempre vivo e diversificato seppur unico, senza una latente volontà di proselitismo, ma esclusivamente per amore.

1.2 Figure di spicco dell'epoca contemporanea

Numerose sono in età contemporanea le esperienze che nascono all'interno della Chiesa che si ripropongono come missione proprio quella educativa. Bisogna dire che queste si moltiplicano in questo periodo «per fronteggiare bisogni educativi inediti o trascurati, tra i quali la preparazione al lavoro»[7]. Ai fini della nostra tesi è essenziale citare alcune figure simbolo di questo fermento educativo che viene a formarsi all'interno della Chiesa. Non si può non tener conto dell'esperienza di don Giovanni Bosco (Castelnuovo d'Asti, 16 agosto 1815 - Torino, 31 gennaio 1888): a lui, infatti, guarderanno fino ad oggi molte delle esperienze educative cristianamente ispirate. Il contributo che lui darà alla storia educativa della Chiesa si fonderà così tanto con la missione evangelizzatrice che i Salesiani (Congregazione religiosa fondata dallo stesso don Bosco) saranno presenti in ben 150 nazioni, con un crescendo costante di consenso al suo metodo educativo che continua e si rafforza con i festeggiamenti mondiali del "Bicentenario della nascita" appena trascorso, in cui l'urna contenente il suo corpo ha fatto il giro del mondo.

«Don Bosco si dedica ai giovani mettendosi alla loro ricerca e incontrandoli là dove si trovano: carceri, cantieri, botteghe, piazze, contrade. Attento al loro mondo e solidale con i loro interessi ed esigenze, convinto assertore del "sistema preventivo" ispirato alla "amorevolezza" e al clima di famiglia, privilegia le relazioni personali, per promuovere il raggiungimento di mete educative attraverso

---

[7] *Ivi*, pag. 74.

il dialogo, la corresponsabilità, la crescita personale e di gruppo.»[8]

Il genio di don Bosco, e di molti altri dopo di lui, sarà nel cogliere la realtà del suo tempo, cogliere i bisogni della terra in cui si trova, del contesto storico in cui è immerso, un contesto che per don Bosco è quello di sfruttamento di manodopera giovanile per le strade della fiorente Torino durante la piena industrializzazione. Il sistema preventivo, cardine della pedagogia che don Bosco applica, è l'esempio lampante di come, prima di essere un pedagogista rivoluzionario del suo tempo, Giovanni fosse un grande osservatore: era proprio l'amorevolezza ciò che mancava ai giovani torinesi e lui su questo bisogno costruirà un sistema pedagogico che regge ancora oggi. È proprio questo aspetto, che combina "osservazione" e "soddisfacimento di un bisogno", l'elemento che sarà sempre lodato nella sua pedagogia e che sarà applicato anche quando, nel secolo successivo, la Chiesa si troverà a confrontarsi con una società diversa. L'importanza dell'esperienza educativa di don Bosco, ai fini della nostra tesi, sta nel fatto che egli sarà spesso punto di riferimento di Padre Pino Puglisi, che di lui dirà:

«San Giovanni Bosco con la sua bontà e con l'amore si faceva amare e ubbidire [...]. Era pronto a sacrificarsi interamente per il bene dei suoi ragazzi, li seguiva costantemente per metterli nella morale impossibilità di fare il male. È questo il cosiddetto "metodo preventivo" che consiste in una vigilanza continua ma non presente [...]»[9].

Oggi don Bosco è Santo e gli è attribuito il titolo di "Padre, Maestro e Amico dei giovani".

---

[8] *Ibidem.*

[9] G. Bellia, *Il coraggio della speranza. 100 pagine di don Puglisi*, Città Nuova, Roma 2005, pag. 76.

Rivoluzionaria è anche la figura di don Lorenzo Milani (Firenze, 27 maggio 1923 - Firenze, 26 giugno 1967): rivoluzionario è il suo modo di intendere la scuola, rivoluzionaria è la sfida che lancia agli studenti in quelli che sono anni difficili per il mondo intero, a causa del secondo conflitto mondiale da poco terminato. Egli sprona gli studenti fiorentini (e con essi tutti i giovani) ad essere i primi ad impegnarsi nel trovare il loro posto nel mondo. Esige da loro impegno, esige che siano protagonisti della loro crescita e del loro futuro, affinché partecipino da cittadini e non da sudditi alla società di cui sono parte attiva e di cui sono il futuro. Certo, le provocazioni di don Milani saranno viste quasi come sovversive e non verranno colte in pienezza dal suo tempo: solo oggi, probabilmente, la sua esperienza educativa viene adeguatamente rivalutata grazie anche all'opera di Papa Francesco.

Don Luigi Giussani (Desio, 15 ottobre 1922 - Milano, 22 febbraio 2005), sacerdote brianzolo, in un tempo in cui il cristianesimo inizia ad essere considerato faticoso ed opprimente per la vita, ridesta, soprattutto tra i giovani l'amore verso Cristo. Dall'alto della sua formazione teologica, di stampo ecumenico, diventato prete decide di rinunciare all'insegnamento nel seminario di Venegono, che da qualche anno portava avanti, per insegnare tra i banchi di scuola, presso il liceo Berchet di Milano, fino al 1964. In questi anni di intenso contatto con i giovani, lui stesso si fa promotore delle loro organizzazioni, rinnovando la Gioventù Studentesca. Negli anni a venire otterrà la cattedra di Introduzione alla Teologia presso l'Università Cattolica di Milano, che mantenne fino al 1990: seguiranno importanti riconoscimenti, anche a seguito della fondazione del movimento di Comunione e Liberazione e la sua voce si farà sentire fin dentro al palazzo dell'ONU di New York (1997). La sua carriera ecclesiastica, l'evoluzione del suo pensiero teologico, non sono che il frutto di quegli anni passati tra i banchi di scuola come insegnante di religione, anni in cui stimola i giovani nei dibattiti studenteschi. Oggi è già onorato del titolo di Servo di Dio, ed è in corso il processo per la causa di beatificazione e canonizzazione.

Certamente quella di don Giussani è la figura più vicina a noi cronologicamente, ma l'ordine seguito vuole cogliere, attraverso il contesto storico, una linea di continuità con quanto stiamo per dire. È utile quindi accennare ad un'ultima figura che si inscrive in questa storia millenaria, in cui attraverso gli uomini la Chiesa porta avanti la sua vocazione all'educazione: ultima stella di questo firmamento è certamente don Giuseppe Diana (Casal di Principe, 4 luglio 1958 - Casal di Principe, 19 marzo 1994). Don Diana è l'ultima delle figure di spicco che si analizzerà velocemente, ma è quella che più ci conferma quanto quella fusione tra evangelizzazione ed educazione, che nel corso degli anni ha animato la storia educativa della Chiesa, si scontri oggi con nuove realtà e nuovi contesti sociali. Don Diana è martire di mafia, ucciso da un killer camorrista con cinque colpi di pistola al volto. Egli è colpevole, per la mafia, di essere stato guida spirituale di gruppi giovanili e di scout della propria terra. Quando nel 1989 diviene parroco della parrocchia di San Nicola di Bari, in Casal di Principe, sua città nativa: il suo primo impegno fu quello di mandar via tutti quelli che da sempre gestivano le feste patronali. Non esitava a scagliarsi direttamente dal pulpito contro le famiglie mafiose chiedendo direttamente alle mogli e ai figli dei boss di intercedere per la conversione dei loro clan, colpevoli in quegli anni del più alto numero di omicidi in Europa. A precedere il martirio di don Diana, di appena un anno, è però il martirio di un altro testimone del Vangelo ed educatore: Padre Pino Puglisi.

1.3 La vicenda esistenziale ed educativa di Pino Puglisi

Giuseppe Puglisi nasce nel quartiere di Brancaccio, nella periferia a nord di Palermo, il 15 settembre 1937, anche se la sua nascita verrà registrata all'Ufficio di Stato del Comune di Palermo il 24 settembre, a causa della paura del padre che il neonato potesse morire per le gravi condizioni di salute. Nella stessa Brancaccio che gli aveva dato la vita, don Pino troverà la morte per mano mafiosa il 15 settembre 1993, giorno del suo cinquantaseiesimo compleanno.
È terzogenito di quattro figli di un'umile famiglia di calzolai. La sua vicenda esistenziale è subito segnata dalla morte del fratello secondogenito Nicola, morto a sedici anni (1948) perché cardiopatico. L'educazione di Giuseppe, alla fede ma soprattutto ad uno stile di vita semplice, è tutto affidato alla madre, poiché il padre è chiamato a combattere sul fronte della Seconda Guerra Mondiale (1943).
È nella primavera del 1953 che, a seguito della lettura delle Confessioni di Sant'Agostino, Puglisi avverte la vocazione al presbiterato. La sua famiglia non ostacolerà in alcun modo la sua scelta, e sarà lo stesso Puglisi ad adoperarsi con energia nella bottega del padre per non pesare troppo sul bilancio famigliare a causa dei suoi studi. Saranno questi gli anni decisivi della sua formazione, nei quali si innamorerà realmente della Bibbia e del Vangelo in modo particolare. In questa fase di profondo discernimento si racchiude l'elemento che caratterizzerà per sempre il suo ministero pastorale e il suo legame con i giovani.
Il 2 luglio 1960, a Palermo, riceve per le mani dell'arcivescovo di Palermo, il cardinale Ernesto Ruffini, l'ordinazione presbiteriale. Diventato prete, amerà firmarsi sovente con la sigla "3P" (Padre Pino Puglisi), ed è così che i giovani inizieranno a chiamarlo in maniera amichevole. Terminato il primo biennio di ordinazione, comincia a insegnare religione nelle scuole; non avendo la cattedra

completa, insegna spesso contemporaneamente in due scuole[10]. Proprio in questi anni, di insegnamento e di servizio come vicario presso le parrocchie delle borgate palermitane più bisognose, emerge l'attenzione che Puglisi presterà sempre alle esigenze sociali e spirituali dei giovani. Divenuto cappellano di un orfanotrofio, si dedica con entusiasmo all'educazione dei giovani sperimentando forme pedagogiche innovative e fuori dalle righe, che fanno storcere il naso ai soliti cultori dei tempi andati. Nella borgata Romagnolo (1964) presterà attenzione alla gente povera della zona, quasi che toccasse a lui occupare i vuoti che le amministrazioni comunali creavano e adoperarsi affinché i servizi essenziali per gli abitanti delle case popolari della zona fossero assicurati. Tutto ciò aveva come incipit l'assistenza spirituale ai giovani della borgata ed ai suoi studenti. Questa sua particolare attenzione alle esigenze sociali, muoverà intorno a lui ovunque un seguito di volontari, di laici, incoraggiati sempre dalla sua persona ma soprattutto dalla Chiesa che vive le profonde vivacità post-conciliari. Lui stesso terrà a sottolineare:
«Il volontario cristiano interviene spontaneamente a sollevare il bisogno del fratello perché c'è una voce interiore che lo chiama: «avevo fame e mi avete dato da mangiare» (cf. Lc 9, 46-48; Mt 5, 31-46), «qualunque cosa farete ad uno di questi miei più piccoli l'avrete fatta a me» (cf. Mt 1, 5; 13-15). Per questo non può essere considerato e vissuto come una realtà sociologica che supplisce alle

---

[10] Don Pino Puglisi è stato docente nelle seguenti scuole: Istituto professionale di Stato per il commercio L. Einaudi (1962-63; 1964-66), Suola media statale Archimede (1963-64; 1966-72), Scuola media statale di Villafrati (1970-75), Scuola media statale di Villafrati sezione staccata Godrano (1975-77), Scuola magistrale Santa Macrina (1976-79), Liceo classico Vittorio Emanuele II (1978-93).

inadempienze della Pubblica Amministrazione, ma come segno evangelico, sostenuto dall'umiltà, dal sacrificio e dalla carità.»[11]

Non bisogna dimenticare che questi siano anni di fermento per la Chiesa universale: nel 1962 è indetto il Concilio Vaticano II, voluto da Giovanni XXIII e concluso tre anni dopo da Paolo VI, un evento grandioso che raduna più di tremila vescovi provenienti da ogni angolo della terra per discutere e dialogare con la modernità. Don Puglisi, come molti altri giovani sacerdoti, con gioia accoglierà le nuove acquisizioni ecclesiologiche che il Concilio porterà nella Chiesa, tanto da essere accusato «di uno di quei "preti rossi" partoriti dal Concilio che nella "tranquilla" Palermo inquietavano il tenero sonno dei benpensanti»[12]. Joseph Ratzinger, a quei tempi 38enne sacerdote e studioso tedesco, definirà in un'intervista del 1977 il Concilio come «un terremoto e al tempo stesso una crisi salutare». Nel 1969, in una missione nella baraccopoli di Montevago (Agrigento) che appena un anno prima era stata colpita da un forte sisma, don Puglisi può finalmente, insieme al pane, distribuire vangeli, quella Parola che con il Concilio diviene sempre più accessibile a tutti.

Nel settembre del 1990 don Pino diviene parroco della Parrocchia San Gaetano nel quartiere di Brancaccio, nel quale era nato e che negli anni aveva visto l'intensificarsi degli interessi mafiosi.

«Considerate le innumerevoli carenze del suddetto quartiere, don Puglisi si adopera perché sorgano una suola media inferiore, un presidio sanitario e una biblioteca»[13]. Certamente egli non era completamente solo in questo: vi

---

[11] *Ivi*, pag. 53.

[12] *Ivi*, intr. dell'autore.

[13] M. Torcivia, *Martirio di don Giuseppe Puglisi. Una riflessione teologica*, Monti, Varese 2009, pag. 19.

era un Comitato Intercondominiale che si batteva già per i diritti del quartiere, ma non era abbastanza. Le richieste sopraelencate, non solo mettono in evidenza gli elementi di interesse per il prete palermitano, ma soprattutto permettono di sottolineare come questi fino ad allora (e anche dopo l'omicidio di Puglisi) fossero i diritti che la mafia si preoccupava di negare al quartiere, e del quale, al tempo stesso, si faceva garante in quanto unica potenza presente sul territorio: a lei era necessario rivolgersi per ottenere tutto, dall'assistenza sanitaria all'impiego dei giovani.

La figura di Pino Puglisi è certamente differente da quelle presentate precedentemente, poiché differente è il contesto in cui questo prete palermitano vive. Le borgate palermitane, Brancaccio in modo particolare, potrebbero assomigliare molto alla Valdocco torinese dalla quale don Bosco inizia la sua missione, e potrebbe anche somigliare alla Barbiana fiorentina di Milani, poiché il contesto di povertà è apparentemente simile, ma è diversa la causa di questa povertà, che a Brancaccio non è dovuta né a cambiamenti sociali né a cambiamenti economici. Don Puglisi, come don Giuseppe Diana, non deve più confrontarsi con la sola povertà materiale che la rivoluzione industriale alimentava nei confronti delle classi povere torinesi, ma deve confrontarsi con una povertà mentale e spirituale ben radicata e diversificata nella mentalità della terra in cui opera. Puglisi si confronta con un bisogno evidente di "rieducare" più che di "educare" semplicemente, in quella terra che era stata abbandonata a se stessa e che già aveva una latente tensione mafiosa, ma che le vicende storiche hanno alimentato ancora di più. Quest'opera di rieducazione dal basso, da parte di una figura che come abbiamo visto si inscrive perfettamente nella millenaria storia educativa della Chiesa, è quell'elemento che tocca le organizzazioni mafiose nel loro punto debole: la vulnerabilità della mafia viene accarezzata, con delicatezza, da Puglisi quasi con atteggiamento di sfida, ma che sfida non è. Questi sono anni in cui "Cosa Nostra" tentava di affermare la propria autorità sull'intera Italia, attraverso l'intimidazione, gli atti terroristici, la corruzione, tenendo di mira le grandi città e i magistrati[14], costringendo l'opinione pubblica e i governi a mobilitare le loro attenzioni. Contemporaneamente Puglisi colpiva dal basso il tallone d'Achille della mafia, in un quartiere allora quasi sconosciuto al grande pubblico.

«A volte si pensa che la mafia sia la violenza del pizzo, gli omicidi, le bombe. Ma don Pino lo sa che la vera violenza è l'assenza di una scuola media in un quartiere di quasi diecimila anime.»[15]

---

[14] Bisogna ricordare ciò che accade, in tutta Italia, in questi anni: strage di Capaci, dove perse la vita Giovanni Falcone, la moglie e gli uomini della scorta (23 maggio 1992); strage di via d'Amelio, in cui perse la vita Paolo Borsellino e la sua scorta (19 luglio 1992); cattura del capo indiscusso di "Cosa Nostra", Salvatore Riina (15 gennaio 1993); Papa Giovanni Paolo II, nella Valle dei Templi ad Agrigento, lancia l'anatema contro "Cosa Nostra" e tutte le organizzazioni mafiose (9 maggio 1993); esplosione di una bomba a Roma in via Fauro (14 maggio 1993); esplosione di una bomba a Firenze in via dei Georgofili (27 maggio 1993); esplosione di una bomba a Milano in via Palestro (27 luglio 1993); vengono fatte esplodere due bombe a Roma, nella cattedrale di San Giovanni in Laterano (quindi un diretto attacco al vescovo di Roma) e a San Giorgio al Velabro (27 luglio 1993); bisogna ricordare che il 1993 è anche l'anno dell'attacco ai pentiti di mafia; omicidio di Padre Pino Puglisi (15 settembre 1993).

[15] A. D'Avenia, *Ciò che inferno non è*, Mondadori, Milano 2016, pag. 43.

Contrariamente a quanto si pensa, non è la denuncia a fermare un'organizzazione mafiosa, soprattutto in questo contesto di predominio. Don Pino non denuncerà le aggressioni e le minacce che subirà: le terrà addirittura nascoste ai suoi collaboratori e perfino i lividi (segno delle percosse ricevute) sul volto verranno giustificati in qualche modo e accompagnati dal solito grande sorriso. La denuncia sarebbe andata contro il suo progetto educativo di incontro tra gli uomini e contro la missione evangelica: don Pino «porge l'altra guancia»[16] e la sua identità di consacrato lo porta a non pensare secondo la propria logica di uomo, ma di rispondere quanto più possibile a quella di Dio. Tale identità arricchisce il suo educare: secondo la logica di Dio, «se qualcuno poi non vi accoglierà e non darà ascolto alle vostre parole, uscite da quella casa o da quella città e scuotete la polvere dai vostri piedi»[17]; ma egli sa anche che Dio, in Genesi, prima di radere al suolo Sodoma, lascia che Abramo vi trovi almeno dieci uomini giusti: per questo egli non può abbandonare Brancaccio alla sua sorte. Quello che invece egli si appresta a fare è un braccio di ferro con la mafia: impiega le sue energie spingendo nella direzione opposta a quella in cui gli altri parrì (i padrini mafiosi) spingevano. Loro non volevano che ci fosse una scuola media e allora lui, ogni giorno con più insistenza, si presentava in comune e dal prefetto. Loro utilizzavano i locali del comune in via Hazon per attività illecite, magazzini d'armi e di droga, bische per duelli di cani e scommesse, prostituzione, e allora lui insisteva, con sempre maggiore determinazione, perché fossero riconsegnati al quartiere. Se gli altri parrì camminavano a testa alta, lui faceva altrettanto: ma non solo, incoraggiava gli uomini a

---

[16] Lc 9, 29
[17] Mt 10, 14

camminare a testa alta, a non essere sottomessi a nessuno né a ciò che sembra immutabile:

«"Prima di giudicare un uomo devi passare due settimane nelle sue scarpe" dice il proverbio. Questo aveva fatto Dio per trentatré anni, trenta dei quali trascorsi a piallare tavoli con mani e sudore d'uomo. E questo fa don Pino a Brancaccio dal 6 ottobre del 1990 [...]. Voleva vedere, toccare, sudare sulle strade degli uomini del suo quartiere e loro dovevano vedere lui per quelle strade, a portata di mano e con le scarpe incrostate dalla stessa polvere. [...] La sua pace si nutre di questa guerra a ciò che è sempre uguale, all'ordine costituito, tenendo gli occhi ben aperti. Quante volte lo deve ripetere ai suoi bambini, ai suoi ragazzi: a testa alta, camminate a testa alta.»[18]

La Brancaccio nella quale è catapultato è un quartiere in cui i bambini vengono iniziati all'inferno, partecipano attivamente della cultura mafiosa, quasi fosse un gioco, dalle lotte tra cani randagi, «seviziando gatti da gettare in pasto a quegli stessi cani da guerra o da impiccare. Poi ci sono lo spaccio, i furti, le botte, la prostituzione...»[19]: tutto questo diventa molto "normale" per chi vi nasce, mentre l'anormale è ciò che viene da fuori, come don Pino. Ma nella sua "anormalità" egli coglierà la labile differenza l'essere educati male e l'essere educati al male.

---

[18] A. D'Avenia, *Ciò che inferno non è*, Mondadori, Milano 2016, pag. 67.
[19] *Ivi*, pag. 117.

CAPITOLO 2
L'IMPLICITO PEDAGOGICO

2. 1 Attenzione al contesto storico sociale e attenzione ai bisogni emergenti

Se è vero che, nella prima metà degli Anni Novanta, Cosa Nostra per via terroristica tentava di affermarsi sull'intera penisola italica attaccando ora lo Stato ora la Chiesa, è vero anche che, nella terra dove essa era nata e soprattutto nelle sue periferie, i suoi "tentacoli" ormai da tempo tenevano in pugno intere comunità. Dal punto di vista politico a Brancaccio il potere è nelle mani dei fratelli Graviano, capimafia riconosciuti, che seppur in latitanza «garantiscono visibilmente il loro esserci tramite i rappresentanti femminili della famiglia»[20]; è un posto in cui «lo Stato italiano ha fatto per tanto tempo un compromesso con la mafia, accettando di condividere il monopolio della forza; dove anche la Chiesa ha imparato a non fare troppo domande»[21]. Quando nel 1990 Puglisi torna a Brancaccio come parroco, quel che vi trova sono macerie umane e sociali.

«C'è tanta povertà e tanta indifferenza. Vi è poi una zona in cui vivono un 150 famiglie provenienti dal centro storico di Palermo. […] E li c'è di tutto: ci sono bambini che vivono in mezzo alla strada imparando soltanto il male! Un bambino che dovrebbe fare la prima comunione a ottobre, dice alla catechista: «Ma io non posso fare la prima comunione, altrimenti come ci torno a casa?». «Ma perché?», replica la catechista. «Perché quando faccio la prima comunione non posso rubare più. Ma se io non porto niente a casa ogni

---

[20] V. Ceruso, *Don Pino Puglisi. A mani nude*, San Paolo, Milano 2013, pag. 66.
[21] *Ivi*, pag. 121.

giorno, mia madre mi picchia e mi manda fuori casa». E non
è il solo! Bambini costretti a lavorare e a rubare, e le bambine
costrette anche a fare qualcosa d'altro... cosa rispondere a
tutto questo?»[22]
Il contesto storico sociale, descritto con poche ma efficaci
parole dallo stesso Puglisi, è chiaramente quello in cui «tutto
è più evidente, la povertà e il disagio innanzitutto»[23], ma la
fascia sociale su cui gli occhi di Puglisi focalizzeranno
l'attenzione nell'immediato è quella dei bambini. Come
affermato nel capitolo precedente, nel presentare la figura di
don Bosco ne abbiamo elogiato la capacità di combinare
"osservazione" e "soddisfacimento di un bisogno": allo
stesso modo Puglisi procederà nel suo ministero sacerdotale
e rieducativo.
«Don Pino sa che l'"inferno opera più efficacemente sulla
carne tenera: i bambini. Bisogna difendere la loro anima
prima che qualcuno gliela sfratti. Custodire ciò che hanno di
più sacro. Sa che i bambini entrano in cielo, o chi torna ad
essere come loro. [...] A Brancaccio troppi bambini sono
come semi nelle tenebre. Semi al rovescio. Non c'è lo spazio
per un sogno, per la bellezza, per l'immaginazione. Troppi
sono condannati a morire da vivi, troppi sono interrotti prima
ancora di allungarsi verso la felicità.»[24]
Il prete palermitano, che ben conosceva la mafia, osservando
il contesto di Brancaccio non solo individua i bisogni della
borgata ma i bisogni, per poter sussistere, della mafia stessa.

---

[22] «Testimoni della speranza», relazione tenuta al Convegno
nazionale del movimento Presenza del Vangelo (Trento 22-
28 agosto 1991), cit. presente in M. Nasca, *Pino Puglisi - Il
sorriso della fede*, EMP, Padova 2015, pag. 30.
[23] L. Cerrito, *Come in cielo così in terra*, San Paolo, Milano
2001, pag. 53.
[24] A. D'Avenia, *Ciò che inferno non è*, Mondadori, Milano
2016, pp. 114-115.

«Puglisi aveva compreso la mafia, perché aveva dedicato gran parte della sua azione pastorale ai piccoli e ai giovani»[25]: erano proprio quei bambini il "bisogno" della mafia, perché la miseria di Cosa Nostra stava nel far dipendere la propria sussistenza dalla impossibilità di prevedere, per i piccoli, un destino diverso da quello della manovalanza mafiosa. Per garantire questo "unico destino" si faceva custode delle macerie umane e sociali che balzavano agli occhi dello stesso Puglisi.

Quindi, se da un lato emerge il bisogno dei bambini e dei giovani di poter avere uno spettro più ampio di possibilità e di sguardi sul futuro, dall'altro emerge il bisogno di Cosa Nostra di garantire che vi fosse per i bambini un unico destino da essa deciso. Si comprende già come, nel momento in cui Puglisi, secondo un implicito pedagogico che andremo ad analizzare, agirà su questi bisogni, il solido impianto mafioso inizierà a dare segni di cedimento.

2. 2 Destrutturazione degli pseudo valori mafiosi: religiosità formale ed ateismo pratico

Sembra un paradosso ma anche la mafia in qualche modo si occupava dell'educazione, ovviamente non come la intende la pedagogia moderna, ed è per questo che a più riprese si è detto che l'azione di Puglisi è intenta più alla rieducazione che ad un' educazione vera e propria. Tale compito "educativo" spetta alle donne.

Le donne, per un prete come Puglisi che spesso dichiarava una predilezione per il Vangelo di Luca (che è sia "Vangelo della gioia" ma soprattutto è quello che più descrive il rapporto che Gesù aveva con le donne) rientrano nel campo

---

[25] V. Ceruso, *Don Pino Puglisi. A mani nude*, San Paolo, Milano 2013, pag. 17.

visivo del prete palermitano, in quanto avevano un particolare potenziale educativo che però veniva mal indirizzato. Nei confronti delle donne di Brancaccio, Puglisi avrà sempre particolari attenzioni: sarà forte, intorno a lui, la presenza di bambini e soprattutto di donne che lo spingerà a voler essere affiancato, fin da subito, da un gruppo di suore[26] (si parlerà di Suor Carolina Iavazzo nel prossimo capitolo). Anche nella donna egli osservava bisogni comuni: il suo principale compito, secondo l'ideologia dell'onore, si limita al binomio moglie-madre che tutela le tradizioni del clan, ed «è la prima custode di quella fitta rete di relazioni che costituiscono il capitale sociale dell'organizzazione»[27]. La donna non solo era occhio ma anche braccio del latitante, soprattutto nel trasmettere i "valori d'onore", ed ogni tentativo di emancipazione era bloccato sul nascere all'interno dagli stessi clan. «La donna interpreta la caratteristica fondamentale della mafia che è la territorialità, senza cui non vi sarebbe né consenso né autorità»[28], ed è proprio in questa sua caratteristica che Puglisi individua il punto di possibile rottura con una mentalità dominata dall'omertà e dal senso di vendetta.

---

[26] Il 2 ottobre 1991, arrivano a Palermo Suor Anna Cereti, Suor Carolina Iavazzo e Suor Alda Scarantino della congregazione religiosa Sorelle dei Poveri di Santa Caterina da Siena, alle quali don Puglisi affida la costruzione del nascente Centro di accoglienza Padre Nostro (di cui si parlerà nel prossimo capitolo). La presenza delle suore a Brancaccio costituiva un chiodo fisso in don Puglisi e, d'intesa col Cardinal Pappalardo, si era adoperato perché il desiderio potesse realizzarsi.

[27] V. Ceruso, *Don Pino Puglisi. A mani nude*, San Paolo, Milano 2013, pag. 65.

[28] *Ibidem*.

Diviene necessario, ai fini rieducativi, scardinare i "presunti valori positivi mafiosi" offrendo la possibilità di comprenderne la falsità. Si tratta di valori considerabili positivi in sé, come la giustizia, il rispetto o la fedeltà e quindi facilmente trasmissibili e accettabili fin dall'infanzia: peccato che questi siano pseudo valori, è infatti necessario contestualizzarli e comprendere come utilizzarli al meglio. I valori mafiosi attecchiscono in una terra abbandonata a se stessa e vengono trasmessi ai bambini dalle donne che li hanno pienamente interiorizzati ed accettati.

L'elemento decisivo è la religiosità di cui la mafia è intrisa e che si amalgama perfettamente con i valori trasmessi dalle donne. La cornice religiosa in cui i valori vengono presentati al fanciullo annulla paradossalmente l'eventuale utilizzo negativo che il fanciullo cresciuto farà di quei valori, ad esempio: considerando un omicidio come qualcosa di giusto o a lui perdonabile. È la stessa mafia che organizzava processioni o riti in onore di San Gaetano, le stesse mani omicide portavano a spalla le statue dei santi e raccoglievano il denaro per i fuochi d'artificio: erano gli stessi mafiosi che educavano i bambini e i giovani a determinati valori. Non sarà un caso se, sia don Giuseppe Diana sia don Puglisi, che si troveranno in contesti mafiosi, vorranno tentare di riappropriarsi sin da subito dei comitati per l'organizzazione delle processioni. Ai nostri occhi, questo atteggiamento appare chiaramente un controsenso, perché a noi le possibilità di una vita cristiana e una mafiosa sono presentate in maniera separata, ma agli occhi dei bambini di Brancaccio no: vi è un'unica possibilità di vita, ossia, mafiosa e allo stesso tempo legittimata da una formale religiosità che non può che trasformarsi in ateismo pratico.

In questo contesto mafioso, il fanciullo cresce assorbendo dei valori condivisi dai suoi pari e soprattutto legittimati da un Dio rispetto al quale non si sentirà mai in colpa: l'omicidio stesso, che di per se va contro il Non uccidere, diviene per il mafioso un diritto, un diritto da trasmettere attraverso i valori dell'onore, del rispetto, della giustizia. Ma chi è il Dio dei mafiosi? A quale Dio un bambino di Brancaccio, prima che arrivasse don Puglisi, imparava a fare affidamento?

«…il Dio del mafioso non viene mai interrogato. È senza parola, inesistente. Pertanto, il risultato della teologia che conferisce al mafioso il diritto di uccidere non è tanto di abbassare Dio al livello del mafioso ma di sollevare il mafioso al piano di Dio.»[29]

Sollevarsi al piano di Dio significa far coincidere la "giustizia divina" con la "giustizia mafiosa", significa essere depositari di valori veri. La religiosità mafiosa è puramente formale, non ha nulla di "teologico" perché non c'è nessun "discorso su Dio", è un Dio presente verbalmente, sulle labbra, ma non concretamente. Il mafioso è ateo: «l'ateismo inoltre ha origine non di rado […] dall'aver attribuito indebitamente i caratteri propri dell'assoluto a qualche valore umano, così che questo prende il posto di Dio»[30]. A far trapelare questa concezione di ateismo è proprio il Concilio di cui Puglisi era intrepido sostenitore.

Alle donne spetta anche l'educazione religiosa dei propri figli. Le donne di mafia sono quelle che più frequentano le celebrazioni in una maniera molto semplice, assicurano con assiduità la loro presenza durante le processioni, le messe, le preghiere popolari, rispettano la Chiesa come istituzione e i suoi rappresentanti, forse ancor più degli uomini, è proprio per questo che Puglisi guarda a loro. L'obbiettivo diviene quello di evitare che questo ateismo venga perpetrato con l'educazione e dia come frutto azioni perverse, divenga cioè un ateismo pratico.

---

[29] M. Torcivia, *Martirio di don Giuseppe Puglisi. Una riflessione teologica*, Monti, Varese 2009, pag. 124.
[30] *Gaudium et spes*, 1965, n°19; nota presente in *Ivi*, pag. 146.

«I mafiosi appartengono, a nostro avviso, a questo gruppo di persone. Possono essere definiti seguaci del cosiddetto "ateismo pratico". [...] perché di fatto, nella prassi, avvinti da un sistema di disvalori, vivono senza Dio. Anzi, e ciò che è ancora più subdolo, vivono un'esistenza nella quale non si nega a parole Dio ma nei fatti sì e abbondantemente perché continuamente si contraddice la sua legge.»[31]

Lo stesso Puglisi si accorge di questa incongruenza, di questo paradosso in cui la borgata vive e dentro la quale i giovani vengono educati; a più riprese dirà, riferendosi alla mafia, che la sua cultura «è una cultura di morte, profondamente disumana, antievangelica, nemica della dignità delle persone e della convivenza civile»[32]. Sarebbe un grande errore cercare di comprendere l'esperienza pedagogica di Puglisi prescindendo dall'ateismo pratico, poiché egli stesso con la sua azione getterà luce su di esso, una luce che infastidisce il nichilismo in cui la borgata vive, senza vera e propria consapevolezza di questo status: «la mafia non possiede le necessarie e fondamentali categorie culturali per elaborare la teorizzazione dell'ateismo. La mafia non ha al proprio interno intellettuali, come quelli che si ritrovano nei regimi totalitari, capaci di riflettere sulla necessità della condanna e dell'estromissione di Dio e dei credenti nel suo nome. [...] alla mafia, nata in un contesto di *societas christiana* non conviene sollevare minimamente il problema della necessità dell'ateismo»[33] proprio per questo nelle parole dei mafiosi non troveremo mai l'affermazione che l'omicidio di Puglisi fosse legata alla sua azione evangelica. Il mafioso non uccide un prete se questi fa il prete, così come egli lo intende, ma si

---

[31] *Ivi*, pag. 146.

[32] G. Bellia, *Il coraggio della speranza. 100 pagine di don Puglisi*, Città Nuova, Roma 2005, pag. 79.

[33] M. Torcivia, *Martirio di don Giuseppe Puglisi. Una riflessione teologica*, Monti, Varese 2009, pag. 154.

dirà che era necessario ucciderlo perché era un prete che dava fastidio. Si comprenderà a breve, alla luce di quanto detto, in che modo il prete palermitano "dava fastidio alla mafia".

2. 3 Il metodo dell'incontro

È stato fino ad ora evidenziato il contesto in cui Puglisi si inserisce; si è a più riprese sottolineato come la sua missione si compia per i giovani, soprattutto i più piccoli e i deboli, arrivandovi attraverso diverse modalità e tentando non solo una loro rieducazione, ma quella di tutta la comunità parrocchiale e del quartiere palermitano. Certamente è molto difficile parlare di un vero e proprio "metodo pedagogico", eppure, la sua esperienza educativa gli è costata la vita. Come mai un apparente non-metodo, se fosse realmente tale, dovrebbe costare la vita? Certo è che Puglisi era un uomo di notevole cultura, «faceva leva sulle autentiche passioni della sua vita: i libri e i poveri»[34]: sono circa quattromila i volumi trovati in casa di don Puglisi dopo la sua morte. La maggior parte di questi sono oggi custoditi nella biblioteca del Seminario Arcivescovile di Palermo.

«Mai visto coniugare così bene povertà e intelletto. Don Puglisi dormiva in una brandina, nell'appartamento ogni cosa era rivelatrice di una vita semplice, umile. Ma gli scaffali alle pareti, il corridoio, il pavimento, i tavoli erano cosparsi di libri. Volumi di etica, pedagogia, teologia…di livello altissimo. Sembrava, oltre tutto, che non vi fosse più posto per leggere perché anche le sedie, la poltrona, erano a loro volta piene di libri.»[35]

Il primo passo mosso da Puglisi è quindi quello di non ostentare il proprio livello culturale il quale non avrebbe fatto altro che metterlo in contrapposizione con la semplicità

---

[34] V. Ceruso, *Don Pino Puglisi. A mani nude*, San Paolo, Milano 2013, pag. 32.

[35] F. Deliziosi, *«3P». Padre Pino Puglisi*, Paoline, Milano 1994, pp. 64-65.

intelletuale della gente di Brancaccio: è egli stesso il primo che si mette nella disposizione di un incontro tra pari, non un incontro tra subalterni. Non solo non ostenta la propria ricchezza intellettuale, ma addirittura il suo stipendio da parroco e da insegnante è completamente investito per le opere parrocchiali (si parlerà nel prossimo capitolo del Centro Padre Nostro). Egli è tutto rivolto all'incontro con l'uomo. Dal punto di vista pedagogico il primo intervento che egli compie è rivolto, come già accennato, ai suoi studenti, «immettendo energie nuove in quello che a molti appariva un vero e proprio ghetto urbano, chiamando in suo aiuto le suore, ma anche le assistenti sociali di Agostina Aiello, i liceali a lui più vicini, e poi i giovani universitari cattolici della FUCI, di cui era assistente spirituale»[36]; erano ragazzi che prima non sapevano neanche indicare Brancaccio sulla cartina della città ed ora si trovavano ad insegnare l'italiano ai bambini che parlavano esclusivamente il dialetto, comunicando loro la possibilità di una vita diversa. Se da un lato lo stesso Puglisi dispone se stesso all'incontro e ad essere accolto, nelle modalità sopra citate, allo stesso modo si fa garante di un primo incontro tra giovani "diversi", tra alternative di vita diverse. La presenza degli studenti di Puglisi non è marginale; chiaramente non ci soffermeremo sulla duplice valenza pedagogica di questa esperienza che è utile ai giovani di Brancaccio quanto agli studenti palermitani («Anche il servizio educa»[37]) , ma il loro esserci è dato dalla volontà di un ricambio di ossigeno, di una boccata d'aria fresca. È necessario, però, al fine di far emergere un "Puglisi-educatore", accennare al suo lavoro di insegnante che non trova, come abbiamo visto, nelle quattro mura della scuola dei limiti al suo insegnamento ma abbatte queste barriere

---

[36] V. Ceruso, *Don Pino Puglisi. A mani nude*, San Paolo, Milano 2013, pag. 60.

[37] CEI, *La sfida educativa*, Laterza, Roma 2009, pag. 81.

fisiche e altre mentali e culturali, al fine di dare senso al proprio insegnamento:

«Quando don Puglisi entrava in classe noi avevamo sete di sorprese. Gli altri professori seguivano il programma. Per lui il programma eravamo noi, con le nostre vite e le nostre domande, e non c'era domanda che venisse respinta. Cominciava ogni lezione leggendo un brano della Bibbia, poi ci chiedeva che esperienza avessimo noi di quel che aveva letto.»[38]

Ogni insegnamento teorico diventa esperienza empirica, lavoro sul campo: per questo egli porta i suoi studenti lì a Brancaccio, per dare senso alle sue lezioni.

La pedagogia di Puglisi mirava a scardinare la presunta positività dei valori di cui abbiamo parlato, offrendo un itinerario in cui i giovani si accorgessero in maniera autonoma dalla falsità dell'immaginario mafioso e potesse cadere l'idea che "l'uomo d'onore" corrisponda all'*omu* per eccellenza: valori che Puglisi temeva per la facilità con cui i giovanissimi ne erano attratti. È un tentativo pedagogico che va a contrastare la «pedagogia dell'odio, instillato nei bambini in dosi massicce fin da piccolissimi»[39] che veniva messa in pratica nelle famiglie.

Nel tentativo di tratteggiare il suo metodo pedagogico non si può prescindere dall'importanza che il prete palermitano attribuisce al ruolo della comunità:

«una comunità vocazionale è una comunità "che chiama", e pertanto essa non può non vivere di comunione, preghiera e unità. [...] una comunità vive pienamente la propria vocazione quando vive in comunione con Dio; quando vive la comunione reciproca della diversità; quando ciascuno ha i

---

[38] A. D'Avenia, *Ciò che inferno non è*, Mondadori, Milano 2016, pag. 295.

[39] V. Ceruso, *Don Pino Puglisi. A mani nude*, San Paolo, Milano 2013, pag. 77.

suoi spazi specifici e li gestisce in complementarietà con gli altri, non in un individualismo esasperato, ma neppure in una pianificazione che decapita le persone».[40]

Ciò significa che è la comunità stessa promotrice di quell'incontro tra diversità che permette la rieducazione ad una cultura nuova. Promuovendo l'incontro della comunità di Brancaccio con volontari esterni alla realtà della borgata (e, come vedremo nel prossimo paragrafo, anche scendendo in campo in prima persona) Puglisi promuove un incontro tra vocazioni. Nella diversità di questa nuova comunità che prima era appiattita e omogenea, gli individui, tra i quali i giovani, «mostrando la propria vocazione realizzata incoraggiano l'altro a cercare la propria»[41]. In contemporanea alla richiesta di una scuola media inferiore, di un presidio sanitario e di una biblioteca, ai quali abbiamo già accennato, egli organizza centri di ascolto, corsi di alfabetizzazione, di teologia di base e di formazione al volontariato, contando sull'appoggio di quel gruppo consistente di volontari, permettendo così che gli individui non vivessero un "individualismo esasperato" ma si sentissero sempre più parte di una comunità.

Perseguire un modello educativo incentrato sull'incontro tra gli individui, in un contesto come quello di Brancaccio in cui le faide tra famiglie sollevano muri dinanzi ai quali lo stesso Puglisi in un primo momento si sente impotente, ha come scopo quello di rieducare alla fratellanza e all'amicizia, partendo proprio dai bambini e giovani:

«La forza del parroco di Brancaccio era la sua rete di amicizie. Puglisi era uomo dell'incontro, dell'ascolto, del dialogo. Questo lo si vede nella vastità dei rapporti costruiti da don Puglisi, nell'apertura verso tutti, nella capacità di non

---

[40] M. Nasca, *Pino Puglisi - Il sorriso della fede*, EMP, Padova 2015, pp. 75-76.
[41] *Ivi*, pag. 79.

ritirarsi spaventato di fronte a problemi sempre nuovi e inaspettati.»[42]

L'amicizia con i giovani e i bambini sarà il motivo stesso del suo martirio. Egli è promotore di amicizia lì dove regna l'inimicizia: questa dinamica la estranea dal territorio stesso, è una «capacità tutta femminile di farsi complementare, di tessere reti, di annodare fili tra lontani, di proporre la fede senza alcuna volontà di imporla»[43], ecco perché si è tanto insistito sul ruolo della donna. L'azione di Puglisi è favorita dalla capacità di mimetizzarsi in quel contesto, di osservarlo, di capirne le dinamiche, di assecondarle tal volta, di non entrarne direttamente in conflitto ed allo stesso tempo di mantenere la propria identità di discepolo di Cristo, rispettando quella terra ma alimentandone il desiderio di cambiarne la storia ritessendo una trama di umanità. Puglisi vuole «"abitare" il territorio. [...] la radicalità di questo "abitare" (predicato e vissuto) non poteva essere accettata da chi invece il territorio lo vuole conquistare, occupare, controllare e sfruttare»[44], non si impone, preferisce orientare, discutere, cercare il dialogo con tutti: non basta far incontrare gli individui, è necessario farli dialogare. Se ne fa interprete attraverso una pastorale originale, volta al dialogo, condotta nei quartieri a rischio, distante sia dalle eclatanti denunce antimafia che da una rassegnata convivenza, e ciò non lo isolava proprio grazie alla capacità "femminile" di tessere reti e di proporsi senza imporsi.

---

[42] V. Ceruso, *Don Pino Puglisi. A mani nude*, San Paolo, Milano 2013, pag. 14.

[43] *Ivi*, pag. 51.

[44] G. Caselli, *Da quel sacrificio è scaturita una nuova coscienza umana*, Avvenire, Roma 15 settembre 1995,10; nota presente in M. Torcivia, *Martirio di don Giuseppe Puglisi. Una riflessione teologica*, Monti, Varese 2009, pag. 62.

Essere ben visto dalle donne della borgata, le quali rivestivano un ruolo non indifferente, gli consentiva di avere un rapporto diretto con i figli. Puglisi si occupava dei più piccoli attraverso il semplice gioco, inizialmente in prima persona, poi affiancato dai giovani studenti che decidevano di aiutarlo dopo la scuola. Il gioco era un ottimo strumento per scardinare i valori dell'illegalità che già nei bambini mettevano radici:

«Nel gioco si deve far loro vedere che ci sono delle regole da seguire, che non è giusto barare: nell'ambiente mafioso chi bara ha più consenso, perché esprime doti particolari, come la furbizia. Diventa una controproposta anche per loro, uno stile di vita. Per loro lo scopo della vita è guadagnare. A qualsiasi costo. Un volontario e una suora che vanno lì, nelle loro case, con senso di solidarietà, di gratuità, di amore cristiano rappresentano una controproposta che potrà avere un'efficacia in seguito.»[45]

Questa azione rivolta ai bambini, attuata soprattutto con l'aiuto dei giovani volontari metterà in crisi la mafia. Rieducare i bambini significava togliere un futuro a Cosa Nostra e ormai i fratelli Graviano diventavano, a causa di questa azione del prete palermitano, lo zimbello dell'intera organizzazione mafiosa.

I bambini non giocavano più per le strade che appartenevano a Cosa Nostra (come tutta Brancaccio), ma si rifugiavano tra le mura della parrocchia che apparteneva sempre con più forza a Puglisi e ai suoi collaboratori. Ritrovare le strade vuote significava perdere la manodopera in cui si investiva con la cultura d'onore, significava perdere consenso, perdere futuri aguzzini, collaboratori, avere le strade libere e non intasate da bambini era un pericolo oggettivo perché avvantaggiava eventuali ronde delle forze dell'ordine. Se da

---

[45] G. Bellia, *Il coraggio della speranza. 100 pagine di don Puglisi*, Città Nuova, Roma 2005, pag. 75.

un lato, attraverso il metodo dell'incontro, interveniva a rieducare i bambini, principale causa del suo martirio, dall'altro incontrerà in prima persona i giovani più grandi (e più inseriti nell'organizzazione mafiosa) così come faceva con i suoi studenti, proponendosi come amico e compagno di viaggio.

Don Puglisi sfrutta con i giovani la sua esperienza in Animazione Vocazionale[46] dando al metodo dell'incontro un significato diverso: l'incontro non sia solo con altro da sé ma soprattutto con se stessi. L'esperienza dell'incontro voluta per la comunità intera si arricchisce nei giovani di questo ulteriore aspetto: l'incontro vocazionale, l'incontro con una voce interiore. Puglisi li «ascoltava quasi in punta di piedi, non era mai lui a prendere decisioni personali ma aiutava gli altri ad essere capaci di capire quello che dovevano fare»[47]: questa era la prassi per una guida vocazionale, egli non tratta diversamente i giovani di Brancaccio dai suoi studenti o dai giovani che aveva incontrato negli ambiti nazionali.

---

[46] Si ricordino i molteplici incarichi ricoperti negli anni 1978-1990: nomina a pro-rettore del Seminario Arcivescovile Minore in cui, con alcuni giovani in ricerca, da vita alla Comunità vocazionale (1978-1979); nomina a direttore del Centro Diocesano Vocazioni con mandato specifico per l'Opera Vocazioni Sacerdotali (1979); la Conferenza Episcopale Siciliana lo nomina vice-delegato regionale del Centro Vocazioni (primo mandato 1980-1983, secondo mandato 1983-1985); riconfermato per la terza volta dalla Conferenza Episcopale Siciliana diviene automaticamente consigliere del Centro Nazionale Vocazioni (1986-1990).

[47] M. Nasca, *Pino Puglisi - Il sorriso della fede*, EMP, Padova 2015, pag. 11.

Luogo privilegiato di questo incontro erano i campi scuola. Nell'estate del 1983[48], egli intuisce l'importanza di poter dialogare con i giovani per intraprendere, insieme a loro, un itinerario di formazione vocazionale, un dialogo che nei campi estivi si intensifica e concretizza. «Il campo durava una settimana e i giovani che vi partecipavano (oltre un migliaio), in genere, non avevano ancora deciso l'indirizzo vocazionale da dare alla propria vita»[49]. È importante sottolineare come la vita nel campo fosse autogestita dai giovani stessi e soprattutto che avvenisse fuori Brancaccio. L'autogestione ha come volontà quella di lasciare che ogni giovane si ritagli i propri spazi di riflessione, sfrutti l'opportunità del campo per fermarsi a pregare, riflettere e condividere, abbia modo di ascoltarsi quanto più possibile, di incontrare se stesso, come «occasione per poter comprendere la volontà di Dio»[50]. Far uscire i giovani da Brancaccio è la dinamica opposta a quella utilizzata per i bambini e il resto della comunità. Se inizialmente aveva fatto entrare nella borgata una boccata d'aria fresca, ora fa si che la novità, la bellezza di boschi e paesaggi vari, venga scoperta al di fuori dei vicoli e delle strade degradate della borgata. Durante i campi, lontano dagli occhi vigili dei clan, che pure erano presenti attraverso infiltrati che tenevano d'occhio il prete, egli esponeva in modo chiaro i contenuti essenziali e

---

[48] Don Puglisi organizza in quell'anno, a Palermo, una mostra itinerante per coinvolgere i giovani e avvicinarli alla figura di Gesù, rendendoli consapevoli delle proprie capacità e dei propri doni. Aveva dato alla mostra il titolo: *Si, ma verso dove?* e il suo notevole successo gli suggerì l'idea dei campi di formazione vocazionale che avrebbero aiutato i giovani a riscoprire il senso da dare alla propria vita.

[49] *Ivi*, pag. 39.

[50] *Ivi*, pag. 67.

principali della fede cristiana, dalla comunione coniugale alla vita famigliare, ai valori del perdono e della misericordia, dell'amicizia e dell'amore disinteressato, facendo si che in maniera autonoma i giovani cogliessero le incongruenze con la proposta di vita in cui erano stati cresciuti fino ad allora. Puglisi, senza imporsi, getta luce su ciò che accade nella loro crescita umana, egli descrive, testimonia, ascolta, ma soprattutto guida, tiene per mano, dialoga con loro permettendo di restare ancorato alla realtà che essi vivono: «il dialogo con i giovani emerge quale autentica cifra spirituale di Puglisi lungo tutta la sua esistenza»[51].

2. 4 Il Boss alternativo

«Francesco non solleva lo sguardo.
«Tu ti fai chiamare padre da tutti e poi non vuoi fare il papà a me che non ce l'ho.»
«Hai ragione. Ma io non sono tuo padre.»
«E allora perché tutti ti chiamano padre Pino? Questo lo sai?»
«Perché… perché… è un modo di dire.»
«Ma perché tu sei *'u parrinu* e stai nella chiesa e pure altri sono *parrini*, ma non ci stanno?»
Don Pino rimane in silenzio.»[52]

La figura di Puglisi e l'implicito pedagogico che stiamo tratteggiando ci fanno comprendere la sua reale pericolosità in un contesto come questo. In una terra in cui la vita degli individui è completamente gestita, spesso in maniera cruenta,

---

[51] V. Ceruso, *Don Pino Puglisi. A mani nude*, San Paolo, Milano 2013, pag. 41.
[52] A. D'Avenia, *Ciò che inferno non è*, Mondadori, Milano 2016, pag. 19.

da alcuni "uomini d'onore", ogni forma e ogni tentativo di autodeterminazione o emancipazione deve essere tenuta sotto controllo o, nel peggiore dei casi, eliminata. «In quel metro e sessanta c'è un rivale troppo pericoloso, in grado di ottenere esattamente quello che deve essere soltanto loro. Va eliminato proprio perché è come loro, si sostituisce a loro.»[53] Puglisi, in fondo, era un povero prete che faceva un po' di catechismo ai bambini, si preoccupava che non rimanessero per strada, che studiassero; si occupava anche dei giovani, cercava di aprire loro gli occhi; aveva il favore delle donne, le guidava nella preghiera, le ascoltava, non ostacolava in alcun modo le organizzazioni mafiose e i loro traffici, semmai chiedeva loro un dialogo, un confronto: «Parliamone. A tu per tu. Discutiamone. Siete figli di questa chiesa. Vi aspetto. Vediamoci in piazza. Sono nato e cresciuto in questo quartiere e sono stanco di vedere i bambini e i ragazzi per strada. Possiamo fare qualcosa di nuovo»[54] diceva in una sua omelia, ma non aveva contatti con le forze dell'ordine, non dava fastidio alla mafia visibile. Puglisi dava fastidio alla mafia invisibile. Questa non è costituita da omicidi, estorsioni, minacce, faide, traffici illeciti, tutti elementi visibili della mafia, ma dal clima, dalle relazioni, dai valori trasmessi, dalla mancanza della libertà individuale, dalla presenza di un'unica prospettiva di vita. Così facendo, la sua identità di consacrato si pone in netta contrapposizione con quella del boss mafioso. Se da un lato il boss mafioso distrugge le relazioni, Puglisi le ricostruisce. Se il boss mafioso riempie le strade di bambini, Puglisi le svuota. Se il boss mafioso non offre alternative di vita, Puglisi si adopera affinché non sia così. Puglisi diviene vero e proprio boss alternativo. Egli stesso incarna "l'alternativa", e può questo solo in virtù della sua riconosciuta identità di

---

[53] *Ivi*, pag. 229.
[54] *Ivi*, pag. 184.

consacrato che lo rende "boss". In una semplice partita di calcetto per strada, egli munito di fischietto, diviene arbitro, decide chi gioca e chi no, chi commette falli e chi può calciare punizione e rigori, ormai i bambini non sanno «più a che padre obbedire»[55], e finisce sempre che contraddicono l'ordine di non giocare con don Pino. I bambini e i giovani fino ad ora hanno sempre rispettato gli ordini dei parrini, ma ora che i parrini sono due e danno ordini diversi, a chi devono obbedire?

«La parrocchia di San Gaetano si trasforma, un po' alla volta, in un centro di riferimento per tutti gli abitanti del quartiere che vi trovano un'alternativa al triste e violento clima predominante. Il risultato è ascrivibile all'impegno di un sacerdote dotato di una solida e composita cultura, aperto alla lezione più avanzata della teologia cattolica e alle voci più profonde dell'umanesimo contemporaneo. La sua vita e la sua opera risultano cadenzate su tre motivi: la Parola, le parole, i fatti. La prima ha illuminato la sua esistenza, con le seconde ha formato le coscienze, mentre i fatti e il martirio hanno fatto della sua esistenza un capolavoro di libertà, di fede e di dignità.»[56]

Questa capacità di trasformare le cose, di prendere un' iniziativa che avesse effetti su tutti, poteva spettare solo ad un boss. Puglisi, al pari degli altri, governa un territorio, che è la sua parrocchia, e ne detta le regole, ne fa "centro di riferimento" perché si vivesse l'incontro. Durante i tre anni trascorsi a Brancaccio «si riappropria degli spazi che competono al parroco [...], ma non si limita ad un'operazione unicamente difensiva. In qualche misura tenta di estendere gli spazi ecclesiali e di sottrarre terreno agli uomini d'onore. [...] Il compito che egli intravede per il

---

[55] *Ivi*, pag. 47.
[56] V. Bertolone, *Padre Pino Puglisi Beato. Profeta e martire*, San Paolo, Milano 2013, pag. 119.

sacerdote non si esaurisce nell'amministrare i sacramenti, ma nel promuovere la liberazione del suo popolo»[57], diviene boss nel momento in cui esce dalla sacrestia ed incontra, fin dentro le proprie case, le famiglie di Brancaccio. Egli si preoccupa che solo il suo essere discepolo di Cristo incarni "l'alternativa" e non i suoi stretti collaboratori, è cosciente della pericolosità di questo ruolo, se ne assume da solo il peso: nelle sue ultime settimane di vita, quando avvertirà forte il pericolo, opterà per l'isolamento, incentrando sempre più su di sé tale ruolo, nella speranza di evitare sui suoi volontari e giovani ripercussioni violente. Ciò che il boss alternativo fa, è semplicemente amare. Come egli stesso dice: «Dio ci ama, ma sempre tramite qualcuno»[58]. Diviene quel "qualcuno" in virtù della sua identità, ciò lo rende più forte di ogni altro boss anche se non disponeva di armi.

È importante, al fine di evitare equivoci, sottolineare che il "boss alternativo" non è l'a priori dell'esperienza pedagogica di Puglisi, semmai ne è l'a posteriori, come risultato di una forte azione. Certamente questo titolo non viene mai utilizzato da Puglisi, ma è il frutto di un pensiero comune, di una mentalità comune di considerare "boss" colui che ti offre qualcosa, colui al quale rivolgerti per ottenere ciò di cui hai bisogno. Le donne si rivolgevano a lui per tener d'occhio i bambini e non lasciarli per strada, come anche i giovani che chiedevano un'occupazione o gli anziani che avevano bisogno di assistenza sanitaria: ogni richiesta doveva un tempo passare dalle mani dei clan, ora, invece, bastava rivolgersi a don Puglisi che nulla pretendeva in cambio. L'essere "prete sociale" non era comprensibile agli occhi di Cosa Nostra:

---

[57] V. Ceruso, *Don Pino Puglisi. A mani nude*, San Paolo, Milano 2013, pp. 112-113.
[58] G. Bellia, *Il coraggio della speranza. 100 pagine di don Puglisi*, Città Nuova, Roma 2005, pag. 4.

«Don Pino fece un errore di valutazione, non capì che quel che lui faceva da prete poteva essere interpretato dai boss come sfida che non era quella di un prete, ma di un boss avversario.»[59]

Questo "errore di valutazione", molto probabilmente, non è da attribuire a Puglisi ma appartiene alla missione educatrice della Chiesa che nei millenni ha portato avanti tale vocazione in maniera indefessa. Il vero scontro non si gioca tra Puglisi e i fratelli Graviano ma tra Cosa Nostra e la Chiesa, tra i quali vi erano in precedenza degli equilibri che cominciavano a diventare sempre più fragili. Siamo nel 1993, anno che si apre con la cattura del capo indiscusso di Cosa Nostra, Salvatore Riina (15 gennaio), pochi mesi dopo Papa Giovanni Paolo II nella Valle dei Templi ad Agrigento lancia l'anatema contro Cosa Nostra e tutte le organizzazioni mafiose (9 maggio). Cosa Nostra, senza capo, attacca a più riprese le chiese e i luoghi di culto, ed in questo trambusto, nella periferia di Palermo, qualche giorno prima del suo cinquantaseiesimo compleanno, un semplice prete «andò nella tana dei mafiosi per cercare di convincerli a non ostacolare il suo progetto di dare un consultorio al quartiere»[60]. Il consultorio, e le altre strutture di cui si parlerà nel prossimo capitolo, non sono altro che il frutto visibile dell'opera di rieducazione portata avanti da Puglisi, sono un duro affronto. Puglisi sa che quel consultorio sarebbe stato uno strumento efficace per lavorare sulle coscienze soprattutto dei giovani e voleva che sorgesse proprio lì dove vi erano traffici illeciti, quasi a togliere terreno ai clan. Egli decide di andare nella "tana dei mafiosi" perché questi non andavano nella sua, non si presentavano alle celebrazioni: egli non vuole sfidare ma, ancora una volta, incontrare.

---

[59] M. Torcivia, *Martirio di don Giuseppe Puglisi. Una riflessione teologica*, Monti, Varese 2009, pag. 138.
[60] *Ibidem*.

Emerge anche in questo il Puglisi-educatore e non un incosciente provocatore: egli cerca con tutte le sue forze il dialogo e l'incontro, unico metodo pedagogico utile a salvare quella piccola Sodoma.

CAPITOLO 3
I FRUTTI DEL MARTIRIO

3. 1 Il Centro "Padre Nostro" a Brancaccio

Come già anticipato: Puglisi non era solo nel suo ministero. Il 2 ottobre 1991, appena un anno dopo il suo arrivo, giunsero a Palermo le prime tre suore della congregazione religiosa Sorelle dei Poveri di Santa Caterina[61]. La presenza delle suore a Brancaccio costituiva un chiodo fisso per don Puglisi e d'intesa con il cardinal Pappalardo si era adoperato perché il desiderio potesse realizzarsi. Alle suore affida un compito di grande importanza: l'avvio del Centro di accoglienza Padre Nostro.

«Scopo del Centro – affidato alla responsabilità di suor Carolina Iavazzo – tra l'altro, è svolgere attività ludico-educative per togliere i bambini dalla strada e strapparli così dalla mano della mafia e affermare una cultura evangelica della legalità.»[62]

Prima di soffermarci sulle peculiarità del Centro, è bene evidenziare come Puglisi si muova d'ora in avanti. Da questo momento, infatti, la sua attività di evangelizzazione e promozione umana del quartiere sarà accompagnata da «numerose minacce, lettere intimidatorie, telefonate anonime e anche percosse»[63] segno che la direzione in cui si muoveva "dava fastidio" ai clan. Ma Puglisi, che la mafia la conosce bene, sa che questa raramente colpisce in

---

[61] Suor Carolina Iavazzo, suor Anna Cereti e suor Alda Scarantino. Nel settembre 1992 verranno raggiunte da altre consorelle.

[62] M. Torcivia, *Martirio di don Giuseppe Puglisi. Una riflessione teologica*, Monti, Varese 2009, pag. 20.

[63] *Ibidem.*

maniera diretta donne e bambini senza un motivo specifico, e allora pensa bene di affidare il Centro a delle suore. In questo modo il Centro diventava un alveare di donne, bambini e anziani che, tutto sommato, i clan non avevano motivo di attaccare direttamente. L'odio dei clan non poteva che riversarsi solo sulla figura di Puglisi, tanto che egli sentirà l'esigenza, dopo un anno, dell'aiuto di un giovane diacono: don Gregorio Porcaro. Il Centro Padre Nostro viene inaugurato ufficialmente il 29 gennaio 1993. Oggi è un ente morale, riconosciuto dal Presidente della Repubblica con D.M. del 22.09.1999 ed è iscritto nel registro delle ONLUS. Non era stato affatto semplice acquistare quella vecchia palazzina: la mafia, conosciute le intenzioni del parrino, ne aveva raddoppiato il prezzo (290 milioni di lire) pur di farlo desistere, ma egli non si scoraggia, investe tutte le sue energie per trovare i soldi, mettendo a disposizione il suo stipendio di docente. Puglisi seppur nella sua precauzionale solitudine non lo è affatto, ha intorno a sé il Comitato Intercondominiale, le suore, don Gregorio e qualche coraggioso volontario:
«L'azione dei volontari e delle suore del Centro "Padre Nostro" deve essere un segno. Non può trasformare l'ambiente, questo non ce lo possiamo permettere neppure come illusione. È soltanto un segno per cercare di muovere l'ambiente, per cercare di dare un modello di comportamento, per spingere le autorità a fare il loro dovere, perché tutti a poco a poco si sentano coinvolti. Non per risolvere i problemi di Brancaccio. No, è solo per dire: dato che qui non c'è niente, noi vogliamo rimboccarci le maniche per dimostrare che si può fare qualcosa. Se ognuno di noi fa qualcosa, allora si può fare molto.»[64]

---

[64] G. Bellia, *Il coraggio della speranza. 100 pagine di don Puglisi*, Città Nuova, Roma 2005, pag. 77.

Un segno: è solo questo ciò che Puglisi vuole dare al quartiere. Il Centro incarna l'alternativa di cui abbiamo largamente parlato, fatta di una casa che accoglie chiunque, che toglie dalla strada, che ha delle regole per il rispetto di tutti, è uno stile alternativo quello che viene trasmesso. Non vuole rivoluzionare il quartiere ma "muovere l'ambiente", animare le coscienze a spinte autonomistiche che le liberino dalla sottomissione e schiavitù alle quali sono state sottoposte. Il nome stesso dato al Centro richiedeva una logica conseguenza: «Andiamo al Padre Nostro»[65], questo era l'obiettivo, riconoscersi nella fraternità di un quartiere che partoriva continuamente orfani. Figli di latitanti che abitavano le strade e che crescevano un po' ovunque bisognosi di un padre comune. L'identità di consacrato permette a Puglisi di avvertire questo bisogno, come il Cristo che insegna ai discepoli a chiamare Dio con il nome di Padre, un bisogno che i piccoli di Brancaccio soddisfano con ciò che hanno a disposizione: la strada, la protezione dei clan. Non solo un boss alternativo, ma anche una mentalità, uno stile di vita alternativo che richiede di "andare al Padre Nostro". Puglisi fa leva su questo: sa che non può esserci Padre se non ci si sente figli e che non può esserci un Nostro se non ci si sente fratelli. «La comunità cristiana offre la possibilità di fare esperienza di una socialità più ricca [...]. È una socialità che non è semplicemente incontro con i coetanei, ma un'esperienza orientata da alcuni obiettivi [...].»[66] Qui ognuno porta le proprie domande di senso, qui la presenza di laici, consacrati, volontari e studenti "muove" le coscienze a interrogarsi e a cercare una risposta: l'incontro.

---

[65] M. Nasca, *Pino Puglisi - Il sorriso della fede*, EMP, Padova 2015, pag. 15.
[66] CEI., *La sfida educativa*, Laterza, Roma 2009, pag. 81.

Per comprendere le condizioni in cui il Centro si trova oggi, nel 25° anniversario del martirio di Puglisi, è quasi impossibile farlo attraverso i libri: non vi sono esaustivi testi "post-Puglisi", è necessario andare sul posto. Quanto diremo è frutto di una intensa collaborazione e amicizia con Maurizio Artale (Presidente del "Centro Padre Nostro").

Ad oggi il Centro è certamente mosso ancora dal volontariato, ma cresciute le sue competenze ed il suo profilo istituzionale sul territorio è trainato da una cospicua presenza di figure professionali qualificate: quattro assistenti sociali, un ufficio amministrativo gestito da due ragionieri ed un revisore dei conti (iscritto all'Albo Nazionale), un responsabile della gestione delle varie attività, più vari uffici di professionisti. Ogni richiesta di collaborazione viene visionata e smistata nel settore più pertinente alle competenze possedute.

Non essendoci un testamento è curioso il modo in cui, dalla morte fino ad oggi, il Centro si sia evoluto e abbia preso determinate scelte piuttosto che altre. Ciò che lo giuda nella sua crescita, mantenendo fede alle volontà di Puglisi, è una intervista che lo stesso ha rilasciato ad una rete siciliana in cui egli elenca le esigenze del territorio alle quali vuole trovare rimedio. Sulla base di questo documento audio visivo, disponibile a tutti con un clic, il centro ha orientato i propri interessi verso: assistenza agli anziani, ai malati, ai detenuti, agli adolescenti, ai minori e ai bambini. Durante il corso dell'anno si ripetono: attività di recupero scolastico, attività che danno la possibilità ai detenuti (con esecuzione penale esterna) di scontare la loro pena all'interno del centro, attività di aggregazione per anziani, gruppi di adolescenti e giovani, queste sono tutte attività avviate nel 1994. Tutti questi servizi, iniziati dal sogno e dall'opera concreta di Puglisi, non sono mai venuti meno in venticinque anni. Questo elemento di continuità è ciò che caratterizza il "Padre Nostro" da tutti gli altri centri, ed è ciò che gli ha ottenuto la fiducia nel tempo non solo dei palermitani ma anche delle istituzioni.

Sempre partendo da questa intervista si nota che unico bisogno insoddisfatto, fino ad oggi, è quello di un asilo nido che verrà inaugurato quest'anno in occasione del 25°. In sua assenza però, già da dieci anni, il Centro aveva aperto uno spazio giochi che potesse dare la possibilità ad almeno venticinque bambini (dai 18 ai 36 mesi) di giocare, sempre con la presenza di figure professionali, consentendo alle mamme di poter lavorare.

Certamente, ad oggi, il rapporto con la criminalità organizzata resta conflittuale. In questi venticinque anni sono state fatte più di cento denunce, numerosi atti intimidatori e minacce, lo stesso presidente fu minacciato di morte dieci anni fa. Nel tempo si è instaurato un rapporto di fiducia con gli abitanti di Brancaccio. Questi hanno compreso che il Centro offre servizi utili a loro, ad esempio: occuparsi dei detenuti comporta che questi possano uscire dal carcere riavvicinandosi alla famiglia, a patto che rispettino le regole del Centro, oppure, la possibilità di poter lasciare i bambini piccoli al Centro permette alle mamme di lavorare (parliamo di lavori umili e senza contratto) e ciò instaura un rapporto di fiducia, di incontro e dialogo. Acquisisce, quindi, non solo un ruolo istituzionale ma anche sociale; ad esso i cittadini si rivolgono per qualsiasi problema o esigenza: dall'otturazione della fognatura ai problemi interni alle famiglie. L'alternativa, come si può vedere, è divenuta concreta. La continuità e la costanza della sua presenza sul territorio, consente al Centro di intessere una fitta rete di relazioni con le istituzioni e altre associazioni, Brancaccio può entrare in contatto con le istituzioni (come direbbe Puglisi) "a testa alta", progettandone insieme le iniziative: per l'asilo che verrà inaugurato quest'anno, il terreno sul quale edificarlo è stato offerto dal Comune ed è stato costruito con il contributo della fondazione "Giovanni Paolo II". Allo stesso modo, i locali che tanto Puglisi aveva voluto dal Comune sono stati concessi solo cinque anni fa e lì sono stati aperti i vari uffici e sportelli: assistenza legale, supporto psicologico, assistenza medica, assistenza alimentare... Nel definire il rapporto che vige oggi fra istituzioni e Centro possiamo concludere dicendo che ad esso le istituzioni fanno riferimento quando hanno a che fare con casi che non riescono a risolvere, essendosi il "Padre Nostro" strutturato, in questi venticinque anni, nel migliore dei modi.

Il più grande ostacolo del Centro è oggi rappresentato dalla burocrazia che qui può far attendere cinque anni per un semplice restauro o dieci anni per dichiarare l'agibilità del centro polivalente sportivo. Oggi, probabilmente, la mafia utilizza metodi diversi rispetto agli anni di Puglisi. La mafia ha compreso che gli omicidi le ritornano indietro come un boomerang e Puglisi ne è un esempio: per questo fa si che si allunghino i tempi burocratici cercando di stancare, di far perdere le speranze. È grazie alla tenacia di chi guida e collabora con il Centro che oggi la pedagogia dell'incontro di Puglisi può vivere nella concretezza di diversi ambienti e strutture.

Per concludere, facciamo ora riferimento a come la Sicilia ha vissuto il "fenomeno Pino Puglisi". Inizialmente la sua figura era del tutto ininfluente: quando in occasione della sua beatificazione (maggio 2013) il Centro ha deciso di realizzare un cartone animato sul fondatore, ha constatato che nella stessa Sicilia era conosciuto pochissimo. Solo da cinque anni (dopo la beatificazione) attraverso la Chiesa il nome e la storia di Puglisi ha avuto modo di avere un eco maggiore, ciò prima era solo discrezione di qualche docente informato dei fatti. Oggi Puglisi è conosciuto attraverso il Centro anche al di fuori dell'Italia: Svizzera, Ungheria, Romania, Ucraina... questo perché i vari gruppi che arrivano a Palermo e visitano il Centro capiscono di avere difronte un metodo ripetibile nei loro ambienti.

Il Centro non gode di finanziamenti diretti ma per sostenersi partecipa a bandi pubblici, promossi o dalla Comunità Europea o da enti locali, ma l'aiuto più grande arriva da donazioni di privati che sostengono le varie attività con delle offerte. L'aiuto economico dei singoli trova, attraverso la trasparenza del Centro, immediato riscontro del loro utilizzo. Gran parte di questi fondi sono stati utilizzati per comprare la casa di Puglisi, di cui nel frattempo il Comune si era appropriato, per trasformarla in un museo visitabile riconosciuto dalla Regione Sicilia. Inizialmente sottovalutata oggi conta più di seimila visitatori annui. Una parte dei fondi è stata successivamente utilizzata per la costruzione di un'aula didattica nella quale le scolaresche possono, prima di visitare la casa-museo, conoscere la figura di Puglisi. Recepite le informazioni prima, toccato con mano dopo, viene loro chiesto di compilare una scheda didattica di rimando facendo si che non resti una semplice visita di un luogo ma un' interazione, un incontro.

3. 2 Il Centro "Antiviolenza 3P" di accoglienza per mamme e minori

A Palermo, tra i vari centri legati al "Padre Nostro", è sorto anche il Centro "Antiviolenza 3P". Ciò che distingue questo e altri centri da quella che è considerata la "casa madre" a Brancaccio è che questi fossero solo stati sognati da Puglisi, non sarà infatti lui ad avviarli (diversamente dal "Padre Nostro") ma sorgeranno sui sentimenti condivisi degli stessi palermitani e non solo.

Il Centro "Antiviolenza 3P" svolge la sua opera in favore di nuclei familiari, minori, anziani che presentano problematiche di natura economica, sociale e familiare mediante prestazioni di servizi di assistenza sociale dirette ad affermare la cultura della legalità, della solidarietà e della promozione sociale e umana. Si propone di perseguire l'interesse generale della comunità alla promozione umana e all'integrazione sociale dei cittadini sviluppando fra essi lo spirito mutualistico e solidaristico.

Il Centro persegue scopi diversi, tra i quali: l'attività di gestione dei servizi socio-assistenziali ed educativi e di avviamento al lavoro di soggetti svantaggiati. La sua struttura è divisa in Unità Aziendali: Residenziale e di Sostegno Psicosociale. La prima si occupa di gestire e coordinare gli interventi di tipo residenziale svolti nelle diverse strutture gestite dalla società cooperativa. Nello Specifico le due unità oggetto del presente progetto sono denominate: "Casa Tartaruga Mamma-Bambino 1" e "Casa Tartaruga Mamma-Bambino 2".

Questa Unità Residenziale, in accordo con la pedagogia dell'incontro comunitario e con la necessità di estirpare fin dall'educazione infantile gli pseudo valori mafiosi: si identifica come una comunità di tipo familiare, finalizzata all'accoglienza temporanea, di donne, sole o con minori, che necessitino di un luogo sicuro, in cui sottrarsi a situazioni di maltrattamento e violenza. Si tratta, dunque, di un contesto nel quale intraprendere un percorso di allontanamento emotivo e materiale dalle relazioni violente, recuperando le proprie capacità progettuali.

La seconda Unità si occupa: dell'attività di sostegno e supporto psicologico agli utenti delle strutture residenziali; dell'attività formativa di supporto al personale ritenendo che, il costante aggiornamento del personale in servizio presso le strutture, sia un punto di forza per un lavoro di qualità; della stesura dei PEI (Piano Educativo Individualizzato) tra la responsabile dell'Unità e le altre figure professionali di riferimento (ass. sociali, educatori, psicologi, psicoterapeuti).

Circa lo Statuto del Centro "Antiviolenza 3P" ritengo sia utile considerare il secondo dei cinque punti che lo compongono:

«La realizzazione e/o gestione: case di riposo, case albergo, case protette, centri diurni e/o notturni, gruppi appartamento, soggiorni climatici, marini rurali, montani e termali, per anziani, giovani e bambini; asili nido, scuole materne ed elementari nonché servizi ausiliari di collegamento, centri di mediazione sociale e/o familiare; sevizi ed interventi complessi volti allo sviluppo della cooperazione internazionale; servizi ed interventi a favore dei PVS (paesi in via di sviluppo) [...]»[67]

Con queste ultime parole, il Centro e con esso tutta la pedagogia di Puglisi, si dispone in una prospettiva che è pronta a varcare non solo i confini palermitani e siciliani ma dell'Italia intera (elemento già evidenziato per il "Padre Nostro"). Ad oggi, come vedremo, dopo poco più di un ventennio dal suo martirio, questa ha iniziato a espandersi nel Mezzogiorno italiano e solo in particolari contesti.

In quest'ottica, il Centro si adopera anche nei confronti di immigrati ed extracomunitari creando per loro, per il personale addetto e per i giovani da inserire nel settore dei corsi di formazione professionale; ma anche:

«[...] attivazione di reti di collegamento con strutture simili presenti nel territorio dell'Unione Europea; studi, catalogazione e comparazione della legislazione regionale, nazionale ed internazionale; promozione di attività che favoriscano il rientro in patria degli immigrati sfruttando la legislazione all'uopo prevista anche nei paesi di origine, interventi tesi ad attuare una maggiore sensibilizzazione della popolazione autoctona; servizi bibliotecari e culturali

---

[67] *Statuto* del Centro "Antiviolenza 3P", n°2.

per extracomunitari; stesura e pubblicazione di dispense, materiale informativo, atti di convegni, di seminari ecc.; servizi di prima alfabetizzazione, formazione culturale e linguistica (italiana ed europea); servizio di assistenza didattica; orientamento al lavoro; servizi socio-assistenziali e sanitari; attività culturali, sportivi, ricreative ed in genere tutti i servizi e le iniziative previste dalla legge 06.03.1998 n°40 e dal T.U. 25.07.1998 n°286 ed eventuali integrazioni e modifiche a favore di immigrati extracomunitari; la promozione ed il sostegno di una rete di servizi a carattere territoriale e di un organico sistema di provvidenze; lo stimolo delle iniziative finalizzate al superamento delle situazioni emarginanti ed a consentire la partecipazione delle persone anziane ed inabili alla vita familiare e sociale [...]»[68]

Il Centro, al fine di favorire l'inserimento lavorativo di persone svantaggiate, svolge i seguenti servizi: promozione di occasioni di lavoro e la selezione e l'impiego con particolare attenzione all'inserimento lavorativo di soggetti svantaggiati o appartenenti alle fasce deboli; attività di tutoraggio; valorizzazione delle varie attitudini individuali (scuole di musica, scuole teatrali, musicoterapia, etc.) e svolgimento di attività di import-export di beni e/o di scambio di conoscenze.

Probabilmente, il centro di ascolto che Puglisi avrebbe voluto costruire prima della sua morte, prende vita e si concretizza in questo Centro. Non è da escludere però, che tutti i centri di questo genere, i quali costantemente sono spine nel fianco per le organizzazioni mafiose, non abbiano vita semplice. Per sostenersi fanno affidamento ai fondi del 5x1000 e dei privati ma non sempre per loro è semplice contrastare i vari poteri locali.

---

[68] *Ibidem.*

3. 3 La fecondità di un carisma educativo: il Centro "Padre Pino Puglisi" a Bovalino.

Ad oggi, il carisma, lo stile e gli obiettivi pedagogici di Puglisi si sono estesi oltre i confini siciliani abitando i territori del sud Italia minacciati dalle organizzazioni mafiose. Faremo riferimento ad un Centro sorto nella terra calabra, in una particolare zona: la Locride. In questo fazzoletto di terra situato nell'Aspromonte è elevata la presenza di criminalità organizzata che da anni vede battagliarsi famiglie mafiose per il controllo dei traffici illeciti più redditizi. A farne le spese sono i giovani di paesi come San Luca, Natile, Platì, Bovalino, Gerace, Africo… qui, un po'come accadeva a Brancaccio, la storia si ripete ma con una differenza: Cosa Nostra è sostituita dall'Ndrangheta. Questa si mimetizza bene tra i boschi dell'Aspromonte, sembra quasi non essere presente ma si manifesta nei volti di tutti. È necessario salire su di un mezzo pubblico per sentirne la presenza e più ci si avvicina a questa zona, che di per sé è magnifica, più questa si fa pressante. Ci si sente osservati, ci si sente intrusi. Sento particolarmente forte l'esigenza di inserire il contesto calabro, in quanto questa terra è stata una delle mie terre di missione. E questo non è un caso: lavorare lì con i giovani è realmente una missione! Diviene estremamente difficile scontrarsi con una pseudo-cultura. Non è affatto paragonabile ad una missione internazionale in cui le altre culture sono un arricchimento. Riesco solo ora a comprendere perché il Centro di cui parleremo sia sorto qui. Questa terra rispecchia, nelle sue peculiarità ambientali, gli uomini che la popolano: boscaglie fitte, terre molto aride e strade quasi inesistenti. Basta scendere lungo le coste: ciottoli ovunque, tanto che vi è difficile camminarvi sopra, ma all'improvviso un mare profondissimo. Questa personale descrizione ambientale corrisponde non solo ai giovani che ho incontrato nella

Locride, ma anche ai bambini, anziani, ad ogni uomo che su quella terra difficile sopravvive ogni giorno: superata la crosta, la profondità del loro cuore rapisce.

Il Centro "Padre Puglisi" nasce nell'ottobre del 2005 ed è collocato in una piccola contrada del comune di Bovalino (RC), a pochi chilometri da San Luca, paese tristemente noto per fatti legati alla delinquenza, all'omertà, alla criminalità organizzata. Si rivolge ad adolescenti e pre-adolescenti che vivono i disagi e i malesseri che caratterizzano la loro età, dovendo affrontare il disagio sociale legato alla cultura del luogo. Questa, come si è visto per Brancaccio, è una cultura di disvalori trasmessi ai piccoli come valori veri e sui quali poter costruire il proprio essere.

Il Centro è diventato in questi primi anni di attività un luogo di incontro per giovani alla ricerca di un equilibrio psico-affettivo, morale e sociale; uno spazio aperto, palestra di vita umana e spirituale, formazione verso l'impegno responsabile; una valida alternativa alla strada, in un contesto dove le strutture sociali e sportive sono fortemente carenti. Questo dato ci aiuta a comprendere come la pedagogia di Puglisi, in particolare il suo "riempire i vuoti" che le amministrazioni comunali creavano, sia una costante.

La nascita del Centro è stata fortemente voluta dalla Fraternità Buon Samaritano, una comunità di suore a sua volta voluta dal Vescovo Mons. Bregantini, che ha raccolto le sfide che questo territorio stimolante ma non facile propone quotidianamente. È costante anche la presenza della stessa suor Carolina che, dopo aver avviato e consolidato il Padre Nostro e la sua presenza nel territorio siciliano, ora si fa promotrice nella realizzazione di simili progetti nel resto del Mezzogiorno.

Per comprendere le peculiarità di questa esperienza è necessario comprenderne i fini e gli obiettivi, ossia: costruire una rete di legalità, creare il senso d'appartenenza al territorio, determinare un nuovo rapporto tra cittadini e istituzioni, favorire la crescita personale e comunitaria intorno ai valori. Vi sono però obiettivi specifici legati a questo determinato contesto: costruire un luogo privilegiato di socialità, formare alla cittadinanza attiva i giovani, valorizzare le potenzialità individuali, favorire la crescita e la maturazione, attraverso l'acquisizione di modelli culturali e comportamenti socialmente accettabili.

In questo contesto, carente sotto molti punti di vista e soprattutto dei servizi necessari, il Centro "Padre Puglisi" sopperisce a queste mancanze svolgendo attività che vanno dalla formazione socio-spirituale alla creazione di laboratori artigianali, da attività di recupero scolastico ad attività di giornalismo e sportive, ma anche cineforum e teatro.

Il Centro "Padre Puglisi" registra, attualmente, e comunque sin dall'inizio delle attività, la presenza quotidiana e costante di circa cinquanta ragazzi tra i 12 e i 20 anni, tutti del luogo, che si alternano durante i diversi giorni della settimana. E' diventato ormai luogo di incontro e di confronto per i ragazzi che, grazie all'utilizzo di metodi alternativi si avvicinano con criticità alle problematiche che caratterizzano la loro crescita. Quella che era la pedagogia dell'incontro necessaria a Brancaccio, si conferma necessaria in ogni luogo martoriato dalla cultura mafiosa. Questa è una pedagogia volta a fornire attraverso l'incontro un'alternativa che in questo contesto, anche visivamente, sembra non esserci. Questo nuovo punto d'aggregazione è diventato, in breve tempo, un'agenzia educativa per i giovani, che sono sempre più lontani dalla Chiesa, in continua contraddizione con i genitori e sentono la scuola come un luogo "estraneo". La finalità del Centro è attuare un cambiamento socio-culturale attraverso i giovani del luogo, stimolandoli ad esprimere le loro risorse e a sentirsi "persone".

Il "Padre Puglisi", dal punto di vista organizzativo e strutturale: assolve temporaneamente compiti sostitutivi alla famiglia, ospitando i minori per un periodo di tempo determinato e assicurando loro socializzazione, educazione, recupero scolastico, crescita personale e comunitaria intorno ai valori, valorizzazione delle proprie potenzialità, in un contesto di vita mirato ai loro specifici bisogni e alle loro necessità cognitive, affettive, relazionali e sociali. La struttura è a carattere diurno e garantisce l'accoglienza, tramite la presenza di un congruo numero di animatori-educatori, per quattro giorni settimanali. Qui l'équipe formativa formula un Progetto Educativo di massima che preveda la programmazione per la durata di un anno, la modalità e la frequenza degli incontri con i ragazzi, dei rapporti con la famiglia, eventuali esperienze di scambio con altre realtà o gruppi giovanili, e quant'altro si riterrà utile indicare e definire. In un secondo momento, l'équipe si riunisce a cadenza periodica per il monitoraggio, la verifica e la ridefinizione del Progetto personale (PEI) di ciascun giovane con la finalità del raggiungimento degli obiettivi che si è prefissata.

Sarebbe naturale domandarsi se sia ancora efficace uno di questi centri "post-Puglisi" senza la concreta presenza del suo "boss alternativo" che, come abbiamo visto, è un perno nel metodo. A questo proposito, bisogna sottolineare che dal maggio 2013 Padre Pino Puglisi è venerabile con il titolo di "Beato"; per questo la sua figura viene presentata in ogni centro ed in tutta la Chiesa come modello di vita da conoscere e alla quale ambire moralmente e spiritualmente, ancor di più in contesti mafiosi. Nel concreto, "l'alternativa" vive oggi in ogni membro che collabora nei vari centri: dall'animatore alla figura più qualificata, ognuno, forte della testimonianza di Puglisi e forgiato dalle simili esperienza, offre la propria missione educatrice, che nasce dal Vangelo, in Puglisi trova il seminatore e nelle terre di mafia raccoglie i frutti.

CONCLUSIONE

Al termine di questo lavoro credo che sia ben evidente come il contesto mafioso, in tutte le sue forme e sfaccettature, crei chiaramente un vuoto e una povertà culturale e spirituale ancora forte in molti angoli del nostro territorio italiano, a partire dal Mezzogiorno.

La figura di Puglisi ci ha costretto a restringere il nostro campo d'indagine su una organizzazione mafiosa in particolare: Cosa Nostra in primis, e poi per riflesso la 'Ndrangheta. È necessario non dimenticare l'esistenza di una terza organizzazione mafiosa, la Camorra, che miete vittime nel territorio campano, e di una quarta che ci riguarda ancora più da vicino, la Sacra Corona Unita presente nella nostra terra pugliese.

Una volta dimostrato come Puglisi non sia una emergenza isolata nella storia della Chiesa, ma che si inserisca pienamente nella sua vicenda e partecipi pienamente della sua missione educatrice, possiamo con certezza affermare che sia della Chiesa stessa l'intuizione di sconfiggere la cultura mafiosa attraverso un'educazione fondata sul messaggio evangelico.

Aiutato dalle parole del filosofo e teologo Sören Kierkegaard («Quello che importa nell'educazione non è che il fanciullo impari questo o quello, ma che lo spirito si maturi, che l'energia si risvegli»), posso affermare che la figura del consacrato, per le sue capacità di parlare al cuore dell'uomo e in virtù della propria fede, è singolarmente capace di stimolare il risvegliarsi dell'energia già presente in ogni giovane e il maturarsi di uno spirito che vive in lui.

Avviandomi alla conclusione, credo di aver mostrato l'esistenza di quel fil rouge che tiene legate la fede e l'educazione: ma, tuttavia, richiede come visto nell'ultimo capitolo, il contributo di figure professionali che diventano essenziali e di cui il consacrato non può fare a meno.

È l'educazione ad una pedagogia dell'incontro, una pedagogia che non invecchia ma che oggi è seriamente minacciata dai social, quella che può ancora oggi liberare i giovani dal pericolo della solitudine e del non aver alternative ad un mondo già dato. Credo sia in essa che si possa racchiudere il sacrificio di Puglisi.

"Amatevi gli uni gli altri come Io ho amato voi" è un insegnamento che apre ad un modo nuovo di intendere l'amore, è l'alternativa che il consacrato decide di incarnare nella propria vita. Solo attraverso il sangue, solo avendo amato fino alla fine, egli vince la mafia che è "morte" per molti.

BIBLIOGRAFIA

Anfossi F., *E li guardò negli occhi: storia di padre Pino Puglisi il prete ucciso dalla mafia*, Paoline, Milano 2005.

Aquino C., *Padre Pino Puglisi il samurai di Dio*, Il pozzo di Giacobbe, Aragona 2013.

Badalamenti M., *Il valore di un sorriso. Padre Giuseppe Puglisi, un testimone dell'Evangelo*, Pazzini, Rimini 2009.

Bellia G., *Il coraggio della speranza. 100 pagine di don Puglisi*, Città Nuova, Roma 2005.

Bertolone V., *Padre Pino Puglisi Beato. Profeta e martire*, San Paolo, Milano 2013.

Bertolone V., *La sapienza del sorriso: il martirio di don Giuseppe Puglisi*, Paoline, Milano 2012.

Bertolone V., *Don Pino: martire di mafia*, Ares, Milano 2016.

Bolzoni A., *Uomini soli. Pio La Torre e Carlo Alberto Dalla Chiesa, Giovanni Falcone e Paolo Borsellino*, Melampo, Milano 2012.

Bosco G., *Il metodo preventivo*, La scuola, Brescia 1958.

Bosco G., *Memorie dell'Oratorio*, Libreria Ateneo Salesiano, Roma 2011.

Bosco T., *Un colpo alla nuca per Pino Puglisi firmato «mafia»*, Elledici, Torino 2002.

Camisasca M., *Don Giussani. La sua esperienza dell'uomo e di Dio*, San Paolo, Roma 2009.

Cascio R., *Il primo martire di mafia. L'eredità di padre Pino Puglisi*, EDB, Bologna 2016.

Cavadi A., *Beato fra i mafiosi: don Puglisi : storia, metodo, teologia*, Di Girolamo, Milano 2013.

Cavadi A., *Il Dio dei mafiosi*, San Paolo, Milano 2009.

Cavadi A., *Il mio parroco non è come gli altri*, Di Girolamo, Milano 2013.

CEI., *La sfida educativa*, Laterza, Roma 2009.

Cerrito L., *Come in cielo così in terra*, San Paolo, Milano 2001.

Ceruso V., *Don Pino Puglisi. A mani nude*, San Paolo, Milano 2013.

Corvaia M., *Pino se lo aspettava. Il racconto della vita e della morte di padre Puglisi*, Navarra Editore, Palermo 2012.

D'Avenia A., *Ciò che inferno non è*, Mondadori, Milano 2016.

Deliziosi F., *«3P». Padre Pino Puglisi*, Paoline, Milano 1994.

Deliziosi F., *Pino Puglisi, il prete che fece tremare la mafia con un sorriso*, BUR Biblioteca Univ. Rizzoli, Milano 2013.

Dino A., *La mafia devota: Chiesa, religione, Cosa nostra*, Laterza, Bari 2008.

Diotavelli L., *Il rompicapo della secolarizzazione italiana*, Rubettino, Catanzaro 2001.

Fedeli C., *Pienezza e compimento. Alle radici della riflessione pedagogica di Romano Guardini*, Vita e Pensiero, Milano 2003.

Filippone N., *La forza rivelatrice dell'amore. Il sacrificio di don Pino Puglisi nell'ottica della bioetica sociale*, MEF, Firenze 2009.

Gesualdi M., *Don Lorenzo Milani. L'esilio di Barbiana*, San Paolo, Roma 2016.

Giuè R., *Il costo della memoria. Don Peppe Diana il prete ucciso dalla camorra*, Paoline, Milano 2007.

Giussani L., *Il rischio educativo*, Rizzoli, Milano 2005.

Guardini R., *Lettere sull'autoformazione*, Morcelliana, Brescia 1994.

Iavazzo C., *Figli del vento. Padre Puglisi e i ragazzi di Brancaccio*, San Paolo, Milano 2007.

Lancisi M., *...E Allora Don Milani Fondò una Scuola. Lettere da Barbiana a San Donato*, Coines Edizioni, Roma 1977.

Milani L., *Lettera a una professoressa*, Libreria Editrice Fiorentina, Firenze 1996.

Mistretta R., *Il miracolo di don Puglisi*, Edizioni Anordest, Villorba 2013.

Naro M., *Pino Puglisi per il Vangelo. La testimonianza cristiana di un martire siciliano*, Sciascia, Caltanissetta 2014.

Nasca M., *Pino Puglisi - Il sorriso della fede*, EMP, Padova 2015.

Piccione A., *Il gatto del prete povero. Una favola su padre Pino Puglisi*, VerbaVolant, Siracusa 2013.

Pilato V., *La mafia, la chiesa, lo stato*, Effetà Editrice, Torino 2009.

Ricaldone P., *Don Bosco educatore*, 2voll., LDC, Asti 1952.

Sales I., *I preti e i mafiosi. Storia dei rapporti tra mafia e Chiesa cattolica*, Dalai, Milano 2010.

Savorana A., *Vita di don Giussani*, Biblioteca Univ. Rizzoli, Milano 2014.

Scordato C., *Dalla mafia liberaci o Signore. Quale l'impegno della Chiesa?*, Di Girolamo, Milano 2014.

Sinistrero V., *Il Vaticano II e l'educazione*, Elledici, Torino, 1970.

Stancanelli B., *A testa alta. Don Giuseppe Puglisi: storia di un eroe solitario*, Einaudi, Torino 2003.

Stella P., *Don Bosco nella storia della religiosità cattolica*, Libreria Ateneo Salesiano, Roma 1968.

Torcivia C., *Pino Puglisi: prete povero e santo*, Il pozzo di Giacobbe, Aragona 2013.

Torcivia M., *Martirio di don Giuseppe Puglisi. Una riflessione teologica*, Monti, Varese 2009.

Triani P., *L'arte di educare nella fede. Le sfide culturali del presente*, Edizioni Messaggero, Padova 2008.

Finito di stampare nel mese di Dicembre 2018
per conto di Youcanprint *Self-Publishing*

www.ingramcontent.com/pod-product-compliance
Lightning Source LLC
LaVergne TN
LVHW010658200726
843507LV00011B/1926